Guide de l'OCDE sur le devoir de diligence à l'appui d'une IA responsable

OCDE
DES POLITIQUES MEILLEURES
POUR UNE VIE MEILLEURE

Cet ouvrage a été approuvé et déclassifié par le Comité de la politique du numérique et le Comité de l'investissement le 26/01/2026.

Ce document, ainsi que les données et cartes qu'il peut comprendre, sont sans préjudice du statut de tout territoire, de la souveraineté s'exerçant sur ce dernier, du tracé des frontières et limites internationales, et du nom de tout territoire, ville ou région.

Merci de citer cet ouvrage comme suit :
OCDE (2026), *Guide de l'OCDE sur le devoir de diligence à l'appui d'une IA responsable*, Éditions OCDE, Paris, https://doi.org/10.1787/e4214c50-fr.

ISBN 978-92-64-72943-8 (imprimé)
ISBN 978-92-64-65126-5 (PDF)
ISBN 978-92-64-42905-5 (HTML)

Version révisée, mai 2026
Les détails des révisions sont disponibles à l'adresse : https://www.oecd.org/fr/publications/support/corrigenda.html

Crédits photo : Couverture © Vladimir_Timofeev/Getty Images.

Les corrigenda des publications de l'OCDE sont disponibles sur : https://www.oecd.org/fr/publications/support/corrigenda.html.

Avant-propos

Le développement de l'IA pourrait transformer nos sociétés dans des proportions comparables à la révolution industrielle ou l'essor de l'internet. L'IA n'est pas simplement une avancée progressive : il s'agit véritablement d'une technologie porteuse de transformations profondes, capable d'améliorer la productivité, de créer de la valeur économique et de résoudre des problèmes complexes dans un large éventail de secteurs, dont la santé, l'industrie manufacturière, la logistique et l'administration publique. Pour tirer parti de ce potentiel, l'OCDE propose une approche équilibrée, celle d'une IA responsable qui amplifie les possibilités offertes par cette technologie, tout en limitant les risques d'effets néfastes.

Dans le prolongement de l'adoption, en mai 2024, de la Recommandation révisée du Conseil sur l'intelligence artificielle (« Principes sur l'IA »), la Réunion du Conseil de l'OCDE au niveau des Ministres a demandé au Comité de la politique du numérique (CPN), par l'intermédiaire de son Groupe de travail sur la gouvernance de l'intelligence artificielle (GTGIA), de « poursuivre ses travaux importants sur l'intelligence artificielle en s'appuyant sur la présente Recommandation » et « d'élaborer et de diffuser, de manière itérative, des orientations pratiques quant à sa mise en œuvre». Les Principes sur l'IA reconnaissent le potentiel de l'IA pour produire des résultats bénéfiques pour les individus et la planète. Ils appellent à la mise en place d'un écosystème d'IA fiable, fondé sur des principes et des lignes directrices qui favorisent l'innovation tout en permettant de remédier aux risques.

Par ailleurs, les Principes directeurs de l'OCDE à l'intention des entreprises multinationales sur la conduite responsable des entreprises (Principes directeurs EMN), mis à jour en 2023, font explicitement valoir que « l'innovation technologique [a] permis une amélioration de la productivité dans l'ensemble des secteurs et [donne] aux entreprises la capacité d'exercer une diligence raisonnable tout en contribuant au développement durable ». Les Principes directeurs EMN reconnaissent l'importance de concrétiser « les effets macro-économiques du progrès technologique, notamment la croissance de la productivité et la création d'emplois ». Ils appellent également les entreprises à exercer une diligence raisonnable fondée sur les risques en matière de CRE afin de prévenir et d'atténuer les effets négatifs réels ou potentiels liés à la science, la technologie et l'innovation.

Ce guide est conçu pour aider les entreprises à mettre en œuvre les Principes directeurs EMN et les Principes sur l'IA. Il constitue un outil au service des entreprises multinationales présentes dans la chaîne de valeur des systèmes d'IA, c'est-à-dire celles qui fournissent des intrants pour le développement de l'IA, participent activement au cycle de vie de ces systèmes, ou utilisent des systèmes d'IA dans leurs activités, produits et services, tous secteurs confondus.

Ce projet est supervisé conjointement par le CPN, par l'intermédiaire du GTGIA, et par le Comité de l'investissement, par l'intermédiaire du Groupe de travail sur la conduite responsable des entreprises (GT-CRE). Ce guide s'appuie sur les travaux menés par le Groupe d'experts OECD.AI sur les risques et les responsabilités. Ce Groupe d'experts est composé de plus de 100 représentants des pouvoirs publics, de la société civile, d'organisations syndicales et de grandes et petites entreprises de l'ensemble de la chaîne d'approvisionnement de l'IA. Ce guide a également bénéficié des commentaires du Comité consultatif de la société civile sur la société de l'information (CSISAC), d'OECD Watch, de la Commission syndicale consultative auprès de l'OCDE (TUAC) et de Business at OECD (BIAC).

Table des matières

GRAPHIQUES

TABLEAUX

ENCADRÉS

Résumé

Ce guide a pour but d'aider les entreprises à mettre en œuvre les Principes directeurs EMN et les Principes sur l'IA. Il est conçu comme un outil au service des entreprises multinationales opérant tout au long de la chaîne de valeur des systèmes d'IA.

Le chapitre 1 présente le concept de devoir de diligence en matière de CRE et propose un tour d'horizon des politiques plus vastes de gestion des risques liés à l'IA. Il décrit également le public visé et comment utiliser ce guide comme un outil pour naviguer parmi les cadres de gestion des risques existants.

Le présent guide s'appuie sur le cadre du devoir de diligence défini dans les Principes directeurs EMN et détaillé dans le Guide OCDE sur le devoir de diligence pour une conduite responsable des entreprises. Les Principes directeurs EMN et les normes connexes de l'OCDE sur la CRE fournissent des principes volontaires pour la conduite responsable des entreprises. Le cadre du devoir de diligence s'articule autour des mesures suivantes :

- Étape 1 : Intégrer les principes de CRE dans les politiques et les systèmes de gestion
- Étape 2 : Détecter et évaluer les impacts négatifs potentiels et réels
- Étape 3 : Stopper, prévenir et atténuer les impacts négatifs
- Étape 4 : Assurer le suivi de la mise en œuvre et des résultats des activités liées au devoir de diligence
- Étape 5 : Proposer des actions à mener pour remédier aux impacts
- Étape 6 : Prévoir des mesures de réparation, le cas échéant, ou coopérer à cet effet

Le chapitre 2 présente le cadre du devoir de diligence en matière de CRE et des exemples concrets de son application par des entreprises associées au développement et à l'utilisation de systèmes d'IA. Le cadre proposé comprend également une feuille de route des dispositions connexes issues des cadres existants, qui indique, au début de chaque étape, comment les éléments du cadre de devoir de diligence s'articulent avec ceux des cadres de gestion des risques liés à l'IA.

Chaque étape comporte des « exemples concrets d'application » qui illustrent les différentes façons de mettre en œuvre et d'adapter selon les besoins, les mesures nécessaires et le processus de diligence raisonnable. Sélectionnés en conséquence, ces exemples sont également fondés sur les principaux cadres de gestion des risques liés à l'IA, ainsi que sur les recherches documentaires et les consultations menées avec des experts. Ils ne prétendent pas être exhaustifs et ne conviennent pas non plus à toutes les situations. Les entreprises pourront trouver d'autres exemples ou mesures de mise en œuvre qui pourront se révéler utiles dans certaines situations.

En mettant en œuvre les recommandations des cadres de gestion des risques liés à l'IA existants, y compris celles présentées dans ce guide, les entreprises peuvent répondre à une grande partie des exigences requises dans le cadre du devoir de diligence en matière de CRE. Dans certains cas, le cadre de CRE apporte des éclairages supplémentaires et comble les lacunes d'autres cadres, en particulier s'agissant de l'implication des parties prenantes et la réparation, qui sont moins bien prises en compte dans les cadres existants.

1 Introduction au devoir de diligence pour une conduite responsable des entreprises et principales considérations relatives à l'IA

Ce chapitre présente le concept du devoir de diligence pour une conduite responsable des entreprises (CRE) et fournit une vue d'ensemble des dispositifs de gestion des risques liés à l'IA. Il décrit également le public visé et comment ce guide doit être utilisé pour s'y naviguer parmi les différents cadres de gestion des risques existants.

Introduction à la notion d'IA responsable

Le développement de l'IA présente le potentiel de transformer la société sous des formes comparables à la révolution industrielle ou à l'arrivée de l'internet. L'IA représente non seulement une source progressive de progrès, mais aussi une technologie porteuse de transformations, capable d'accroître la productivité, de créer de la valeur économique et de résoudre des problèmes complexes dans des secteurs variés comme la santé, l'industrie manufacturière, la logistique et l'administration publique. Pour pouvoir tirer parti de ces avantages potentiels, l'OCDE propose une approche équilibrée, celle d'une IA responsable qui amplifie les possibilités offertes par cette technologie et crée les conditions lui permettant de devenir plus rentable, innovante et compétitive, tout en limitant les risques d'impacts négatifs.

L'IA responsable dépend aussi bien des fournisseurs de données, des financements et des infrastructures matérielles que de l'innovation numérique. Les Principes directeurs à l'intention des entreprises multinationales sur la conduite responsable des entreprises (« Principes directeurs EMN ») (OCDE, 2023[1]) et la Recommandation sur l'intelligence artificielle (« Recommandation sur l'IA » ou « Principes sur l'IA », selon les cas) (OCDE, 2024[2]) de l'OCDE mettent également l'accent sur la responsabilité de l'ensemble des entreprises intervenant dans le développement et l'utilisation de systèmes d'IA. Cette approche globale conférera à la chaîne de valeur de l'IA une plus grande sécurité et résilience, ainsi qu'une résistance accrue face aux bouleversements et perturbations des chaînes d'approvisionnement.

Un aspect essentiel de l'IA responsable est que son développement et son utilisation devraient s'appuyer sur l'engagement des parties prenantes et placer les travailleurs au cœur des préoccupations. La technologie doit être envisagée comme un moyen d'améliorer les capacités humaines et non comme un substitut à la main-d'œuvre humaine. En s'appuyant sur l'engagement constructif des travailleurs et d'autres parties prenantes, les entreprises peuvent orienter l'IA vers des applications qui complètent le travail de l'être humain plutôt que de l'automatiser à ses dépens.

Le fait d'anticiper les effets néfastes pouvant être causés par les systèmes d'IA crée un climat de confiance qui peut considérablement accélérer la croissance du marché et l'investissement. Lorsque les entreprises prennent l'engagement de développer et d'utiliser une IA responsable – en appliquant les bonnes pratiques décrites dans ce guide et dans d'autres instruments de l'OCDE –, elles inspirent confiance aux investisseurs, aux clients, aux autorités de réglementation et aux décideurs publics. Cette confiance se traduit par un avantage concurrentiel. Les entreprises dont la réputation est d'avoir des pratiques responsables peuvent accéder plus rapidement aux marchés financiers, nouer des relations d'affaires de qualité supérieure et se repérer plus facilement dans la jungle réglementaire. Loin de freiner l'innovation, l'IA responsable peut en fait accélérer la croissance en réduisant les frictions et en prévenant les coûteux dommages sociétaux et atteintes à la réputation qui pourraient sinon se produire.

L'IA responsable et digne de confiance est en train de devenir de plus en plus importante pour accéder aux marchés mondiaux à mesure que les cadres réglementaires internationaux évoluent. Les entreprises qui intègrent de façon proactive la prévention des dommages dans leurs processus de développement et d'adoption de l'IA acquièrent ainsi une position avantageuse dans le contexte d'expansion transfrontière. Cela peut leur éviter les coûts élevés liés à l' adaptation de leurs systèmes aux diverses exigences régionales. Cette approche tournée vers l'avenir peut transformer ce qui pourrait être perçu comme des coûts de mise en conformité en investissements stratégiques rentabilisés grâce à un accès étendu au marché.

La justification économique d'une IA responsable et digne de confiance devient particulièrement évidente lorsque l'on constate que les clients des entreprises intègrent de plus en plus la gestion des risques liés à l'IA dans leurs procédures d'achat, faisant ainsi de la fiabilité non seulement une considération éthique mais aussi une exigence commerciale. Par conséquent, la gestion des dommages causés par l'IA sert simultanément des impératifs éthiques et des intérêts commerciaux, créant un cercle vertueux où l'innovation responsable aboutit à la fois à des bienfaits sociétaux et à un succès commercial.

Objet du présent guide

Ce guide a pour but d'aider les entreprises dans leur mise en œuvre des Principes directeurs EMN et des Principes sur l'IA[1]. Il est censé être utilisé par les entreprises multinationales[2] intervenant dans la chaîne de valeur des systèmes d'IA (c'est-à-dire celles qui fournissent des intrants pour le développement de ces systèmes, qui jouent un rôle actif dans le cycle de vie de ces systèmes, ou qui utilisent des systèmes d'IA dans leurs activités, produits et services, tous secteurs confondus).

Les objectifs de ce guide sont les suivants :

- Soutenir l'innovation, l'investissement et la croissance des entreprises de la chaîne de valeur de l'IA en indiquant clairement comment les intéressées peuvent identifier et gérer de façon proactive les impacts négatifs réels et potentiels (autrement dit les risques) qu'elles sont susceptibles de causer ou auxquels elles peuvent contribuer ou être directement liées, et tirer profit des bienfaits que l'IA peut procurer à la société sur les thèmes couverts dans les Principes directeurs EMN et les Principes sur l'IA.
- Aider les entreprises à s'y retrouver parmi les cadres de gouvernance et de gestion des risques liés à l'IA existants, qu'ils soient multipartites ou sectoriels, nationaux ou internationaux.
- Promouvoir la cohérence des politiques publiques et, lorsque c'est possible, l'interopérabilité entre les Principes directeurs EMN, les Principes sur l'IA et autres cadres de gouvernance et de gestion des risques liés à l'IA nationaux ou internationaux.
- Servir de référence commune pour les différents cadres de gestion des risques liés à l'IA qui sont mis en place dans les différents pays et territoires.

Ce guide s'appuie sur le cadre du devoir de diligence décrit dans les Principes directeurs EMN et explicité dans le Guide OCDE sur le devoir de diligence pour une conduite responsable des entreprises (« Guide sur la CRE ») (OCDE, 2018[3]) . Les Principes directeurs EMN et les normes connexes de l'OCDE sur la CRE fournissent des principes volontaires pour la conduite responsable des entreprises. Les sujets abordés dans les Principes directeurs peuvent faire l'objet de législations nationales et d'engagements internationaux. Il est important de préciser que les normes de l'OCDE sur la CRE sont conformes et complémentaires aux Principes directeurs des Nations Unies relatifs aux entreprises et aux droits de l'homme (Haut-Commissariat des Nations Unies aux droits de l'homme, 2012[4]) et à la Déclaration de principes tripartite de l'OIT concernant les entreprises multinationales et la politique sociale (OIT, 2023[5]). Le but du présent guide est de traduire le cadre général figurant dans le Guide sur la CRE en actions concrètes et pratiques que les entreprises peuvent mettre en œuvre pour identifier, prévenir, atténuer et faire cesser les impacts négatifs – réels ou potentiels – liés au développement et à l'utilisation des systèmes d'IA.

Pour favoriser la coopération internationale et l'homogénéité des actions publiques en faveur d'une IA digne de confiance – et contribuer le cas échéant à l'interopérabilité –, ce guide s'appuie sur les cadres de gestion des risques spécifiques à l'IA, les réglementations et autres initiatives existant aux niveaux national et international, de manière à fournir des exemples pratiques pour l'application du Guide sur la CRE dans le contexte de l'IA.

En fournissant une aide pratique à la mise en œuvre des Principes directeurs EMN tout en démontrant leur cohérence et leur homogénéité avec les Principes sur l'IA, ce guide a pour but d'assister les entreprises exerçant des activités dans plusieurs pays et territoires – et soumises à de multiples exigences réglementaires ou participant à un grand nombre d'initiatives volontaires – pour leur permettre de répondre à ces attentes. Les entreprises pourront ainsi continuer à recueillir la confiance des clients et avoir la garantie de pouvoir innover et d'être compétitives sur les marchés mondiaux.

Public cible

Les Principes directeurs EMN recommandent que les entreprises exercent le devoir de diligence pour identifier et gérer les impacts négatifs réels ou potentiels (autrement dit les risques) : 1) qu'elles pourraient causer ou auxquels elles pourraient contribuer par leurs activités ; ou 2) auxquels elles pourraient contribuer ou être directement liées via leurs relations d'affaires.

Le principal public visé par ce guide est constitué des trois groupes d'entreprises. Cela inclut les entreprises intervenant dans le cycle de vie des systèmes d'IA[3] tel que décrit dans les Principes sur l'IA (à savoir : planification et conception ; collecte et traitement des données ; construction et/ou adaptation du modèle ; test, évaluation, vérification et validation ; déploiement ; exploitation et suivi des systèmes d'IA). Le guide s'adresse également aux entreprises qui fournissent des intrants numériques, physiques et financiers pour le développement des systèmes d'IA (par exemple : les fournisseurs de services d'annotation des données, de capacité de calcul ou de services d'informations dématérialisée ou « cloud », les fabricants de matériel et les investisseurs), ainsi que pour la vente, l'octroi de licence, le commerce et l'utilisation des systèmes d'IA, comme l'indiquent les Principes directeurs EMN et conformément à la version révisée de la Recommandation sur l'IA. Le troisième groupe visé est constitué par les entreprises qui ne font pas partie du « secteur des technologies » et qui utilisent les systèmes d'IA dans leurs activités, leurs produits et leurs services.

Si le cadre fourni dans ce guide peut être appliqué pour le développement et l'utilisation d'autres logiciels et technologies, il se concentre ici spécifiquement sur les systèmes d'IA. Lesdits systèmes sont clairement définis par la Recommandation sur l'IA et expliqués en détail dans un mémorandum explicatif (OCDE, 2024[6]).

Les rôles sur la chaîne de valeur de l'IA et les relations d'affaires entre les différents acteurs ne sont pas linéaires et se chevauchent. De même, le processus de développement de l'IA n'est pas linéaire non plus. Ainsi, les développeurs de systèmes d'IA peuvent aussi être des entreprises qui conçoivent et fabriquent du matériel, ou qui interviennent dans la collecte de données et l'annotation d'ensembles de données. Pour comprendre ce qu'est le devoir de diligence pour une CRE dans le contexte du développement et de l'utilisation de systèmes d'IA, ce guide décrit les responsabilités des entreprises au regard du devoir de diligence en les répartissant dans différents groupes selon l'activité qu'elles exercent[4].

Les trois groupes ci-après ne sont donc ni figés, ni fermés, mais ont pour but d'aider à comprendre comment les entreprises exerçant des activités différentes devraient aborder le devoir de diligence. Certaines entreprises peuvent avoir des activités telles qu'elles seront classées dans plusieurs groupes et devront adapter leur approche en conséquence. De façon similaire, certaines entreprises axeront leurs efforts de diligence sur les risques pouvant provenir de leurs activités, tandis que d'autres privilégieront les risques liés à leurs relations d'affaires.

Les impacts négatifs peuvent être dus aux activités décrites pour chacun des groupes d'entreprises. Bien que la majorité des exemples fournis dans ce guide ont trait aux impacts négatifs liés aux activités du groupe n° 2, les entreprises des groupes n° 1 et 3 sont elles aussi supposées gérer les impacts négatifs qu'elles peuvent provoquer via leurs activités, leurs produits et leurs services.

Groupe n°1 : Fournisseurs d'intrants pour l'IA

Les entreprises faisant partie de ce groupe sont des fournisseurs d'intrants pour l'IA. Ces intrants servent au développement des systèmes d'IA, raison pour laquelle ces entreprises sont généralement considérées comme le segment amont de la chaîne de valeur des systèmes d'IA. Leurs activités consistent à approvisionner l'écosystème de l'IA en intrants (c'est-à-dire en compétences et en ressources telles que des données, du code, des algorithmes, des modèles, de la recherche, du savoir-faire, des programmes de formation, de la gouvernance, des processus et des meilleures pratiques nécessaires pour comprendre le cycle de vie des systèmes d'IA et y prendre part, y compris pour ce qui est de la gestion des risques). Ce groupe inclut les entreprises se livrant aux activités suivantes :

- Fourniture et annotation de données ;
- Création et curation d'ensembles de données ;
- Développement, adaptation ou fourniture de code en vue de son utilisation par un tiers, y compris des contributions à des bibliothèques en accès libre et à des composants logiciels pour le développement de l'IA ;
- Développement d'instruments de mesure et d'outils d'évaluation.

Sont également concernées les activités consistant à fournir des intrants financiers, logistiques, administratifs et matériels qui sont nécessaires pour concevoir un système d'IA. Ce groupe inclut les entreprises se livrant aux activités suivantes :

- Fourniture de capitaux (par exemple les institutions financières, les sociétés de capital-risque et autres bailleurs de fonds) ;
- Fourniture d'une infrastructure numérique et de services administratifs (par exemple : fournisseurs de capacité de calcul ou de services d'informatique dématérialisée, plateformes de paiement en ligne, plateformes numériques de travail, systèmes d'exploitation, boutiques d'applications et fournisseurs de logiciels de sécurité/logiciels d'entreprise) ;
- Fourniture de matériel (par exemple : fabricants et distributeurs de semi-conducteurs, équipementiers réseau et autres fabricants de matériel).

Ce guide ne s'intéresse pas aux chaînes d'approvisionnement des intrants matériels (par exemple l'extraction des matières premières et la fabrication de composants), qui sont traitées dans un autre guide sur le devoir de diligence pour une CRE[5].

Groupe n°2 : Entreprises participant activement à la conception, au développement, au déploiement et au fonctionnement des systèmes d'IA

Les entreprises faisant partie de ce groupe participent au cycle de vie des systèmes d'IA par les activités ci-dessous. La compréhension de ce cycle de vie peut aider l'ensemble des entreprises à mieux identifier les risques et à interagir avec les entreprises du groupe n° 2 par leurs relations d'affaires. Ce groupe inclut les entreprises se livrant aux activités suivantes :

- Planification et conception de systèmes d'IA ;
- Construction du modèle et/ou adaptation d'un modèle existant ;
- Test, évaluation, vérification et validation du modèle et des systèmes ;
- Déploiement[6] du système à l'aide de n'importe quel canal de distribution (y compris la distribution d'un logiciel en accès libre) ;
- Mise en service du système pour les clients et contrôle de son fonctionnement.

Le groupe n° 2 pourrait aussi inclure les entreprises qui modifient et redéploient les modèles d'IA existants pour des cas d'utilisation spécifiques.

Groupe n°3 : Utilisateurs de systèmes d'IA

Les entreprises faisant partie de ce groupe utilisent des systèmes d'IA dans leurs activités, leurs produits et leurs services, et sont généralement considérées comme le segment aval de la chaîne de valeur des systèmes d'IA. Il s'agit notamment d'établissements financiers et d'entreprises de l'« économie réelle » (c'est-à-dire des fabricants et des vendeurs de biens et services, y compris n'ayant aucun lien avec les systèmes d'IA ou la technologie).

Les entreprises de ce groupe devraient aborder le devoir de diligence à l'égard des systèmes d'IA qu'elles utilisent comme faisant partie intégrante du processus de diligence général qu'elles appliquent à leurs activités et leurs relations d'affaires. Il s'agit de privilégier les impacts négatifs pouvant être causés par le système d'IA plutôt que d'autres impacts auxquels l'entreprise pourrait contribuer ou être liée dans son secteur d'activité. Par exemple, si le système d'IA ne présente pas de risques significatifs, l'entreprise peut concentrer ses efforts sur d'autres enjeux de la CRE, y compris ceux sans lien avec les systèmes d'IA.

Encadré 1.1. Considérations relatives aux petites et moyennes entreprises (PME)

Les systèmes d'IA peuvent procurer d'importants avantages économiques aux PME, notamment en leur permettant d'accéder à des outils pouvant favoriser l'amélioration de l'efficience à moindre coût. Les PME jouent par ailleurs un rôle capital à plusieurs étapes du développement des systèmes d'IA. D'après le Guide sur la CRE, elles sont censées elles aussi exercer le devoir de diligence, au même titre que les autres entreprises.

Les normes en matière de CRE reconnaissent toutefois que les PME n'ont peut-être pas les mêmes capacités que les grandes entreprises à répondre aux attentes relatives au devoir de diligence. Les PME qui en sont au stade initial de la recherche-développement, de la validation de concept et du financement fonctionnent avec des ressources limitées, qu'elles ont tendance à affecter à des besoins concrets plus immédiats, pour commercialiser leurs produits ou leurs services. Par conséquent, de manière générale, les PME peuvent rencontrer des difficultés à mettre en œuvre les obligations de CRE en ce qui concerne l'engagement des parties prenantes, l'exercice d'une influence sur leurs relations d'affaires et la prise en charge des coûts des mesures de prévention et d'atténuation des risques.

Pour les aider à faire face à ces difficultés et pour promouvoir la mise en œuvre des normes en matière de CRE, le présent guide encourage en particulier les PME – lorsque c'est possible – à utiliser des approches collaboratives et à participer à des initiatives sectorielles pour mutualiser les ressources (dans le respect du droit de la concurrence), réduire les coûts de la mise en œuvre du devoir de diligence et faciliter l'accès aux informations sur les risques d'impacts négatifs et leur harmonisation. Les normes en matière de CRE établissent en outre que la nature et la portée du devoir de diligence devraient être proportionnées à la taille de l'entreprise concernée, à sa contribution à tout impact négatif et à la gravité des impacts négatifs. En prenant acte de ces réalités, les Principes directeurs EMN cherchent à s'assurer que les PME ne sont pas soumises à des exigences excessives, en leur permettant de se concentrer sur les risques les plus pertinents dans les limites de leurs capacités. Ils encouragent en outre les grandes entreprises à s'efforcer de nouer des relations d'affaires avec les PME pour soutenir leur processus du devoir de diligence.

En plus de répondre aux attentes internationales, le respect des normes en matière de CRE peut ouvrir de nouveaux marchés ou permettre un meilleur accès aux financements pour les PME. Il peut aussi aider à recruter ou à fidéliser du personnel. De même, le fait d'appliquer les normes de CRE peut s'avérer essentiel pour les PME pour intégrer des chaînes de valeur, étant donné que les relations d'affaires élargies doivent de plus en plus appliquer des pratiques de diligence raisonnable en matière de CRE.

Les PME peuvent s'appuyer sur des réseaux de coopération (par exemple les initiatives régionales relatives à la transformation numérique et à l'IA[1] et les initiatives régionales en matière de CRE[2]) pour obtenir une aide technique et des précisions supplémentaires pour mettre en œuvre les normes en matière de CRE et d'IA.

Note :

1. Par exemple le Dialogue OCDE-Union africaine sur l'IA.
2. Par exemple les programmes de collaboration de l'OCDE en Asie, dans la région MENA et en Amérique latine.

Autres publics possibles

Les Principes directeurs EMN ont également institué un mécanisme unique de promotion et de recours qui s'appuie sur les Points de contact nationaux pour la conduite responsable des entreprises (PCN)[7]. Ce guide peut aussi être utile aux PCN pour promouvoir les Principes directeurs EMN et aider à statuer sur la responsabilité des cas présumés d'infraction auxdits Principes.

Le présent guide peut également être utile à ceux qui élaborent des normes sur une IA responsable tels que les décideurs publics, les autorités de réglementation ainsi que les initiatives sectorielles et multipartites qui cherchent à se mettre en conformité avec les normes internationales.

Les autres publics possibles sont les organisations de la société civile, les travailleurs, les représentants des travailleurs, les syndicats, les associations professionnelles et les autorités de réglementation nationales, y compris les organisations de protection des données et les organismes de contrôle sectoriels.

Une attention particulière devrait être accordée aux problèmes de mise en œuvre rencontrés par les entreprises et les pouvoirs publics dans les pays en développement, notamment leur besoin de plus de capacités, d'assistance technique et de consignes adaptées à leurs réalités réglementaires et institutionnelles.

Enfin, ce guide peut avoir une utilité pour les particuliers et les groupes (et leurs représentants) qui ont été ou pourraient être touchés par les impacts négatifs des systèmes d'IA.

Comprendre les risques liés au développement et à l'utilisation de l'IA

Le développement et l'utilisation des systèmes d'IA peuvent avoir des effets positifs dans les domaines couverts par les Principes directeurs EMN. Ainsi, l'utilisation des systèmes d'IA peut améliorer considérablement la santé et la sécurité au travail grâce à l'automatisation de tâches dangereuses. Dans l'administration publique, l'utilisation de l'IA dans les réseaux/villes intelligents et les appareils connectés peut aider à prédire les besoins de maintenance des infrastructures et à réduire la congestion routière en optimisant les flux de trafic. La capacité de l'IA à analyser rapidement des volumes de données considérables, à reconnaître des motifs et à construire des modèles prédictifs en fait un outil important pour détecter les infractions financières, lutter contre les enlèvements et le trafic d'êtres humains, mettre au jour des situations de travail forcé ou de travail des enfants, et analyser les scènes de crime. Plus globalement, les systèmes d'IA ouvrent des perspectives en matière d'innovation, de croissance économique et de promotion des droits humains.

Pour tirer parti de ces avantages, il est important que les risques d'impacts négatifs associés aux systèmes d'IA soient correctement gérés[8]. Lorsque l'on tient compte de l'intégralité de la chaîne de valeur de ces systèmes, un éventail de risques plus large peut se présenter. Par exemple, la puissance de calcul colossale qui est nécessaire pour entraîner et utiliser certains types de systèmes d'IA a un impact qui a été prouvé (OCDE, 2022[7]) et certains services effectués par les humains (comme l'enrichissement des données) ont donné lieu à des pratiques délétères dans le milieu du travail (Partnership on AI, 2021[8]). De même, comme avec un grand nombre de nouvelles technologies, des acteurs publics et privés mal intentionnés peuvent trouver des moyens de tirer profit des systèmes d'IA. L'important potentiel de double usage de ces systèmes et le fait qu'ils puissent être adaptés pour les destiner à d'autres usages peuvent conduire à des utilisations malveillantes, même lorsqu'ils avaient été conçus au départ sans intention hostile.

Les Principes directeurs EMN reconnaissent que le devoir de diligence fondé sur les risques devrait être exercé par les entreprises eu égard aux impacts négatifs réels ou potentiels de leurs activités ayant un lien avec l'innovation technologique. Ils préconisent également que les entreprises participant au développement de nouvelles technologies ou de nouveaux usages d'instruments existants devraient anticiper les impacts négatifs et les défis suscités par les nouvelles technologies, tout en encourageant l'innovation responsable.

De nombreux cadres de portée nationale, régionale ou internationale décrivent les risques associés au développement et à l'utilisation des systèmes d'IA, et recommandent les actions qui devraient être engagées par les entreprises pour y faire face. L'ampleur des risques couverts est variable selon les cadres. Si l'ensemble de ces cadres peut renseigner sur l'éventail des risques auxquels une entreprise peut être confrontée dans le cadre de son devoir de diligence, l'éventail n'est pas exhaustif et un grand nombre de ces risques se chevauchent et peuvent avoir des liens entre eux. De surcroît, tous les cadres ne sont pas pertinents pour une entreprise donnée. Chaque entreprise est censée identifier ses domaines de risque prioritaires sur la base des circonstances qui lui sont propres, en incluant également des risques autres que ceux cités ici. Ce guide adopte une approche neutre à l'égard des risques, afin d'avoir une validité permanente. Les études futures pourront être utilisées pour le compléter, étant donné que les points de vue des pouvoirs publics et la compréhension des risques liés aux systèmes d'IA ne cessent d'évoluer.

Caractéristiques d'une IA digne de confiance

Ce guide a également pour but de permettre une gestion et un développement responsables de systèmes d'IA dignes de confiance. L'expression « IA digne de confiance » fait référence ici aux systèmes d'IA qui sont en conformité avec les Principes de l'OCDE sur l'IA, mis à jour en 2024 (OCDE, 2024[9]). Il ne s'agit pas seulement de principes, mais de résultats pouvant être utilisés à la fois pour évaluer les risques et identifier les responsabilités en matière de prévention/d'atténuation.

Éléments de base du devoir de diligence pour une CRE

Le cadre du devoir de diligence pour une CRE

Les Principes directeurs EMN établissent un cadre volontaire pour l'exercice du devoir de diligence par les entreprises, que les administrations publiques se sont engagées à promouvoir activement et à mettre en œuvre. Ce cadre prévoit les mesures suivantes :

1. intégrer la conduite responsable des entreprises dans les politiques et les systèmes de gestion ;
2. identifier et évaluer les impacts négatifs réels et potentiels des activités, produits ou services des entreprises ;
3. faire cesser, prévenir et atténuer les impacts négatifs ;
4. assurer le suivi de la mise en œuvre et des résultats des actions déployées ;
5. rendre compte de la manière dont ces incidences sont gérées ;
6. remédier aux effets négatifs ou participer aux efforts pour y remédier.

Ces mesures sont censées avoir lieu simultanément et de façon itérative, car le devoir de diligence est un processus continu mêlant proactivité et réactivité. Chaque étape est décrite en détail dans le chapitre 2 du présent guide, en la replaçant dans le contexte du développement et de l'utilisation de l'IA.

Le cadre du devoir de diligence pour une CRE est globalement en adéquation avec les autres cadres de gestion des risques liés à l'IA (OCDE, 2023[10]), et d'importants chevauchements existent entre un grand nombre de ces cadres sur plusieurs points clés. Chacune des étapes décrites dans ce guide fait directement référence aux mesures exigées dans les cadres de gestion des risques liés à l'IA existants, et peut donc permettre le recoupement et la mise en œuvre homogène des exigences entre les différents cadres et les différents pays et territoires. En mettant en œuvre de façon constructive les recommandations des autres cadres de gestion des risques liés à l'IA existants, les entreprises peuvent satisfaire à bon nombre des attentes relatives au devoir de diligence en matière de CRE. Dans certains cas, le cadre de la CRE apporte des éclairages supplémentaires et comble les lacunes d'autres cadres, en particulier s'agissant de l'engagement des parties prenantes et de la réparation, qui sont moins bien pris en compte dans les cadres existants.

Graphique 1.1. Représentation graphique du cadre du devoir de diligence pour une CRE

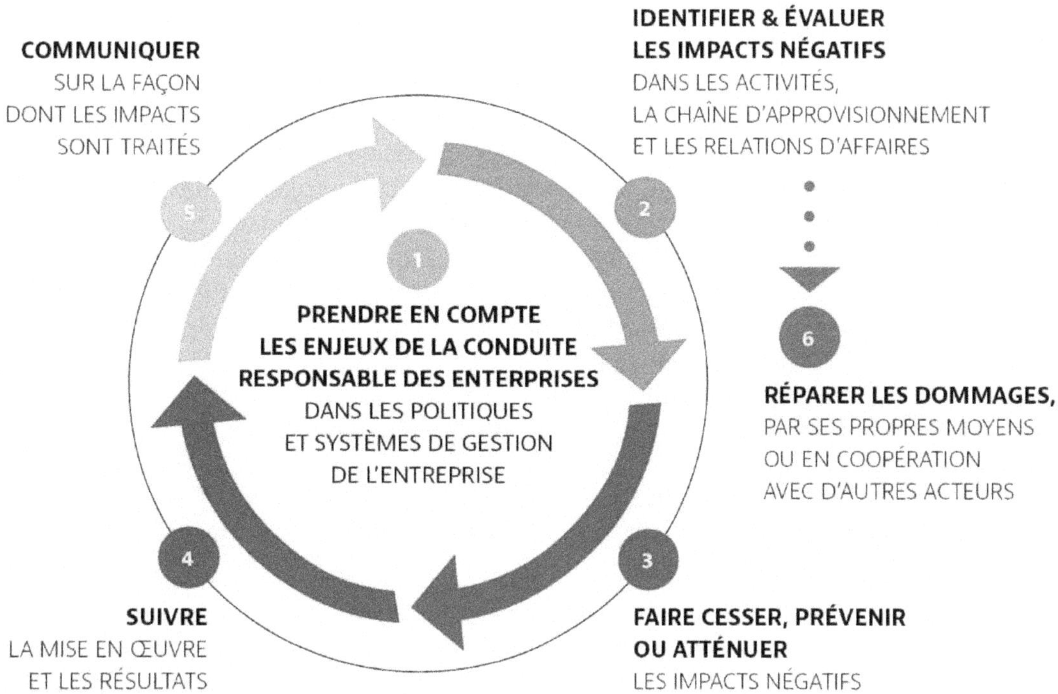

Source : OCDE (2018[3]), Guide OCDE sur le devoir de diligence pour une conduite responsable des entreprises, https://doi.org/10.1787/15f5f4b3-en.

Lien avec les obligations légales

Les Principes directeurs EMN énoncent des principes et des normes volontaires en matière de conduite responsable des entreprises, en conformité avec les législations applicables et les normes internationalement reconnues. Les sujets abordés dans les Principes directeurs peuvent faire l'objet de législations nationales et d'engagements internationaux. Les Principes directeurs comportent des recommandations qui peuvent aller au-delà des dispositions auxquelles les entreprises sont légalement tenues de se conformer. La recommandation faite par les gouvernements aux entreprises concernant le respect des Principes directeurs se distingue des questions de responsabilité juridique et d'application du droit (cf. la préface des Principes directeurs EMN, paragraphe 5 (OCDE, 2023[1])).

Comme l'indiquent les Principes directeurs EMN, les entreprises ont pour obligation première de se conformer à la législation du pays dans lequel elles exercent leurs activités et/ou ont leur siège (cf. le chapitre 1 des Principes directeurs EMN, paragraphe 2 (OCDE, 2023[1])). Le devoir de diligence peut aider les entreprises à se conformer à leurs obligations légales dans les domaines relevant de la CRE. Dans les pays et les territoires où les législations et réglementations sont en opposition avec les principes et les normes des Principes directeurs EMN, le devoir de diligence peut aussi aider les entreprises à respecter au maximum lesdits Principes. Le droit national peut dans certains cas exiger d'une entreprise qu'elle prenne une mesure concernant l'un des enjeux relevant de la CRE (par exemple les risques encourus en ligne par les mineurs).

Les attentes relatives au devoir de diligence qui proviennent des Principes directeurs EMN ou s'y réfèrent sont de plus en plus souvent intégrées aux obligations légales. Bien que ce guide puisse aider les entreprises et les pouvoirs publics à mieux comprendre comment mettre en œuvre certaines de ces exigences légales, il ne saurait être utilisé comme référence.

Confidentialité des entreprises

Il convient, lors de l'exercice du devoir de diligence pour une CRE, d'accorder une attention suffisante à la confidentialité des affaires commerciales, aux secrets commerciaux, aux informations commerciales sensibles et aux éventuelles interdictions de partage de ces informations en vertu du droit de la concurrence, ainsi qu'aux informations protégées par le droit de la propriété intellectuelle. Bien que cela constitue des obstacles légitimes à certains aspects de la communication, de la transparence et de l'engagement des parties prenantes, les entreprises sont malgré tout censées s'efforcer de bonne foi de communiquer et de collaborer de façon constructive avec les parties prenantes tout en tenant dûment compte de la confidentialité, du droit de la concurrence et d'autres questions juridiques pertinentes, compte tenu des considérations légitimes de confidentialité.

Mise en œuvre de la CRE dans le respect du droit de la concurrence

Collaborer avec ses concurrents ou ses relations d'affaires pour mettre en œuvre la CRE, y compris dans le cadre d'initiatives de durabilité, est une pratique soumise au droit de la concurrence (OCDE, 2015[11]).

Comment l'indiquent les Principes directeurs EMN : « Bien que les entreprises et les initiatives de collaboration auxquelles elles participent devraient prendre des mesures proactives pour comprendre les problématiques de droit de la concurrence dans leur juridiction et éviter les activités qui pourraient constituer une violation du droit de la concurrence, les initiatives crédibles de conduite responsable des entreprises ne sont pas intrinsèquement en tension avec les objectifs du droit de la concurrence et la collaboration dans le cadre de telles initiatives n'enfreindra généralement pas les lois sur la concurrence. » (cf. le chapitre X des Principes directeurs EMN, paragraphe 121 (OCDE, 2023[1])).

Il existe trois actions concrètes que les entreprises peuvent engager pour comprendre les problématiques liées aux activités de collaboration et au droit de la concurrence :

- Demander conseil aux autorités de la concurrence : les entreprises peuvent demander conseil si elles craignent qu'une conduite particulière ou une activité de collaboration puisse être considérée comme contraire au droit de la concurrence et donc entraîner des risques réglementaires.
- Faire preuve de transparence : les autorités ont tendance à être plus méfiantes lorsque les initiatives ou les accords réunissant des concurrents sont conclus sans la moindre publicité. Par conséquent, communiquer sur les initiatives de CRE peut être un moyen utile pour atténuer les doutes au regard de la concurrence. Il est important de préciser que le simple fait de rendre public un accord ou de communiquer sur une initiative ne protège pas contre des poursuites si le droit de la concurrence n'est de fait pas respecté. En revanche, faire preuve de transparence peut aider à mettre en lumière des aspects potentiellement problématiques, et donc s'assurer qu'ils sont réglés rapidement.
- Intégrer les initiatives de CRE dans des programmes de mise en conformité : dans la mesure où les entreprises ont la responsabilité d'auto-évaluer leur conduite pour déterminer si elle est conforme au droit de la concurrence, les intéressées sont encouragées à concevoir et mettre en œuvre des programmes de mise en conformité pour garantir la connaissance des risques et la compréhension de la façon dont ils devraient être gérés au niveau de l'organisation. La plupart des

grandes entreprises auront sans doute déjà mis en place des programmes de lutte contre les pratiques anticoncurrentielles qui peuvent être utilisés comme références ou adaptés pour nouer des collaborations spécifiques en matière de CRE.

Engagement constructif des parties prenantes

Un engagement constructif[9] des parties prenantes (en particulier des travailleurs, des représentants des travailleurs, des syndicats, des communautés concernées ou d'autres parties prenantes très vulnérables aux risques d'impacts négatifs) s'avère essentiel pour un devoir de diligence efficace. Cet engagement concourt au développement de systèmes d'IA dignes de confiance. Il fait également partie intégrante du cadre du devoir de diligence. Dans certains pays et territoires, l'engagement des parties prenantes peut aussi être un droit en soi (par exemple le consentement des patients en cas d'utilisation de l'IA dans le contexte médical ; voir aussi l'article 61 de la législation de l'UE sur l'IA).

L'engagement constructif des parties prenantes peut aussi présenter de nombreux avantages pour les entreprises, notamment en permettant de renforcer la confiance et la résilience aux crises, ainsi que de mieux répondre aux attentes du marché et de la société. Lorsque les parties prenantes sont impliquées tout au long du processus du devoir de diligence, elles peuvent comprendre non seulement quelles décisions ont été prises mais aussi pour quelle raison, ce qui crée une confiance dans la procédure même si les intéressées ne sont pas forcément d'accord avec tous les choix qui sont faits. Le fait de recueillir des avis extérieurs à un stade précoce permet d'adapter les approches avant que des ressources importantes ne soient investies pour gérer des risques moins significatifs, ce qui peut aider à réduire les coûts.

Les points de vue extérieurs peuvent permettre de repérer les segments du marché insuffisamment desservis ou les usages ignorés. La collaboration directe avec les utilisateurs finaux des systèmes d'IA peut aussi mettre en évidence les besoins réels, et pas seulement ceux supposés. Ainsi, les entreprises développant et utilisant des systèmes d'IA dans le domaine de la santé pourraient, après consultation des professionnels de la médecine et des représentants de certains groupes de patients, s'apercevoir que l'interprétabilité importe plus que les améliorations marginales de la précision. Les systèmes d'IA développés avec la contribution des parties prenantes sont aussi plus susceptibles d'être adoptés, étant donné que les principaux sujets d'inquiétude ont été traités en amont.

Les parties prenantes peuvent être concernées à plusieurs étapes du développement et de l'utilisation des systèmes d'IA. C'est le cas, par exemple, des individus dont les données personnelles ou la propriété intellectuelle sont utilisées pour entraîner les systèmes d'IA, des travailleurs contribuant à l'enrichissement des données pendant la phase de développement, ou encore des communautés subissant les impacts négatifs du calcul informatique basé sur l'IA. Après le déploiement, les parties prenantes concernées peuvent être des travailleurs surveillés par des systèmes d'IA et des citoyens utilisant des services publics qui font appel à l'IA.

L'engagement des parties prenantes repose sur des procédures interactives avec les parties prenantes concernées, grâce par exemple à des réunions, des auditions ou des consultations. Les parties prenantes concernées sont tout individu ou groupe, et/ou leurs représentants mandatés, qui dispose de droits ou d'intérêts liés aux domaines visés par ce guide, lesquels droits ou intérêts sont ou pourraient être mis à mal par des impacts négatifs associés au développement, au déploiement, au fonctionnement, au financement, à la vente, à l'octroi de licence, au commerce et/ou à l'utilisation de systèmes d'IA par l'entreprise.

Pour être constructif, l'engagement des parties prenantes doit reposer sur une collaboration bilatérale, être mené de bonne foi et prendre en compte l'avis des parties prenantes. Ces dernières doivent recevoir en temps utile des informations fiables et exhaustives, et avoir la possibilité de contribuer avant la prise de décisions importantes susceptibles de les affecter. Il est particulièrement important, le cas échéant, que les parties prenantes contribuent activement à l'identification des impacts négatifs.

Le développement rapide et les modifications en temps réel des systèmes d'IA peuvent obliger les entreprises à changer ou adapter leurs pratiques pour permettre l'engagement constructif des parties prenantes. Cet engagement ne doit pas être considéré comme un événement ponctuel mais comme un processus continu qui est intégré au cycle de vie des systèmes d'IA et, le cas échéant, à d'autres aspects du développement et de l'utilisation de l'IA (par exemple la collecte de données ou l'utilisation finale). Sur le plan pratique, l'engagement des parties prenantes[10] par les entreprises peut prendre de nombreuses formes. Les parties prenantes peuvent être invitées à participer :

- aux discussions internes sur les usages d'un produit et son impact souhaité ;
- à la conception du produit ;
- à la curation et la validation des ensembles de données ;
- à la formation et aux tests ;
- de façon continue à l'utilisation du système d'IA ;
- aux tests et à l'évaluation du système d'IA après son déploiement ;
- à des initiatives multipartites et des procédures d'évaluation indépendantes ;
- à des formations régulières destinées aux travailleurs, dans les cas où le système d'IA est utilisé pour gérer l'activité des intéressés. Il est capital que les travailleurs soient régulièrement mis au courant et informés des capacités et des risques des systèmes d'IA, afin qu'ils puissent participer de façon constructive aux discussions sur le processus du devoir de diligence.

Outre les autres mécanismes qu'elles peuvent éventuellement mettre en œuvre pour faire participer les parties prenantes, les entreprises doivent respecter le droit des travailleurs de constituer des syndicats et des organisations représentatives de leur choix ou de s'y affilier, y compris en évitant d'interférer avec la décision des travailleurs de constituer des syndicats et des organisations représentatives de leur choix ou de s'y affilier (cf. le chapitre V des Principes directeurs EMN, paragraphe 1(a)).

Dans les très grandes entreprises, où des centaines de systèmes d'IA peuvent être développés ou utilisés, il n'est pas toujours faisable d'associer les parties prenantes à plusieurs étapes du développement de chaque système.. Les PME peuvent elles aussi rencontrer des problèmes de ressources et d'accès en ce qui concerne l'engagement des parties prenantes. Toutes les entreprises peuvent être confrontées à des difficultés du fait de la vitesse de développement de l'IA, laquelle entraîne une disponibilité limitée des parties prenantes concernées pour la procédure d'engagement. Ces difficultés laissent entendre que l'engagement des parties prenantes doit être soigneusement planifié et que les entreprises peuvent choisir différentes modalités de mise en œuvre, par exemple en l'abordant à un niveau supérieur afin de transférer les apprentissages jusqu'au niveau du produit. L'engagement portant spécifiquement sur le produit (par exemple la participation à sa conception, ou l'engagement des parties prenantes qui en subissent les impacts) peut n'être réalisable que dans certains contextes à haut risque.

Les compétences limitées des parties prenantes sur les questions relatives à l'IA et la CRE peuvent aussi générer des difficultés sur le plan de leur engagement. Lorsqu'elles comprennent les capacités, les limites et les conséquences possibles des systèmes d'IA, les parties prenantes peuvent prendre des décisions éclairées et contribuer utilement aux processus de gestion des risques. Ces connaissances leur permettent de repérer les impacts négatifs potentiels avant qu'ils n'apparaissent et de préconiser des pratiques de développement et de déploiement responsables. En investissant dans l'éducation et la communication transparente sur les systèmes d'IA, les entreprises peuvent créer de la confiance et encourager la résolution collaborative des problèmes, pour obtenir au final un processus du devoir de diligence plus efficace.

Entreprises et parties prenantes sont encouragées à collaborer pour définir des méthodes d'engagement à la fois faisables et efficaces. Les entreprises devraient collaborer en priorité avec les parties prenantes, ou leurs interlocuteurs, qui sont les plus susceptibles de subir les impacts de leurs activités. Des efforts devraient être déployés en particulier pour faire participer les parties prenantes les plus vulnérables aux risques d'impacts négatifs.

Comment utiliser ce guide

Ce guide est censé fournir un cadre pour faciliter la mise en œuvre par les entreprises des Principes directeurs EMN, du Guide sur la CRE et de la Recommandation de l'OCDE sur l'IA ; il doit être utilisé conjointement avec ces instruments ainsi qu'avec les autres cadres, initiatives et autres sources d'informations sur la gestion des risques applicables au niveau sectoriel, national et international, en particulier les consignes précisant certains risques ou cas d'usage propres à des contextes spécifiques. D'autres sources d'informations sont citées tout au long de ce guide.

Sachant que les cadres volontaires et réglementaires relatifs à l'IA diffèrent selon les pays, les entreprises peuvent adapter leurs actions relevant du devoir de diligence en fonction de leur contexte et de l'environnement réglementaire dans lequel elles exercent leurs activités. De surcroît, la mise en conformité avec ces réglementations ou ces cadres contribuera souvent au respect des dispositions connexes du présent guide.

Il est conseillé aux utilisateurs de ce guide de commencer par se familiariser avec l'ensemble du cadre présenté et ses exemples pratiques afin de s'en imprégner, avant d'explorer les ressources traitant de contextes plus spécifiques qui sont citées dans les notes de fin ou les modules accessibles depuis le Catalogue d'outils et d'indicateurs à l'appui d'une IA digne de confiance de l'OCDE (OCDE, s.d.[12]).

2 Cadre de diligence raisonnable et exemples permettant de détecter les risques et d'y remédier

Ce chapitre présente le cadre de diligence pour une conduite responsable des entreprises et des exemples concrets de son application par des entreprises concernées par le développement et l'utilisation de systèmes d'IA. Le cadre de diligence raisonnable proposé ici comporte également, au début de chaque étape, une feuille de route des dispositions connexes présentes dans les cadres existants. Elle explique comment les dispositions pertinentes des cadres de gestion des risques liés à l'IA viennent compléter chaque étape du cadre de diligence raisonnable.

La présente section définit un cadre OCDE sur le devoir de diligence pour une CRE à l'intention des entreprises concernées par le développement et l'utilisation de systèmes d'IA et fournit des exemples concrets de son application. Le cadre de diligence raisonnable proposé ici comporte également, au début de chaque étape, une feuille de route des dispositions connexes présentes dans les cadres existants. Elle indique comment chaque étape du cadre de diligence raisonnable est complétée par les dispositions pertinentes provenant des cadres de gestion des risques liés à l'IA et s'y rapporte.

Chaque étape comprend des « exemples concrets d'application » qui illustrent les différentes façons d'appliquer et d'adapter le cas échéant les procédures de diligence raisonnable et les mesures d'appui correspondantes. Sélectionnés en conséquence, les exemples reprennent également les cadres de gestion des risques liés à l'IA, ainsi que les résultats de recherches et de consultations menées avec des experts. Ils n'entendent pas être exhaustifs, et ne conviennent pas non plus à toutes les situations (le Code de conduite international du processus d'Hiroshima, par exemple, est destiné aux systèmes d'IA de pointe). Les entreprises pourront trouver d'autres exemples ou mesures de mise en œuvre qui pourront s'avérer utiles dans certaines situations.

Les tableaux fournis à chaque étape présentent d'autres cadres nationaux et internationaux relatifs à la gestion des risques liés à l'IA comprenant des obligations ou des attentes similaires. Associés aux exemples concrets, ils visent à faciliter la mise en œuvre entre les différents pays. Bien que les dispositions concernent l'application du cadre de diligence pour une CRE, elles ne peuvent pas être considérées comme équivalentes, car la portée et la nature des attentes de ces autres cadres peuvent être différentes.

Étape 1 - Prendre en compte les principes de CRE dans le cadre des politiques et systèmes de gestion de l'entreprise

Tableau 2.1. Étape 1 : Feuille de route des dispositions connexes dans les cadres existants

Cadre de gestion des risques liés à l'IA	Dispositions concernées
Guide de l'ASEAN sur la gouvernance et l'éthique de l'IA (« **Guide de l'ASEAN** »)	Section C.1 : 1. Structures et mesures de gouvernance interne et Annexe A : 2 Structures et mesures de gouvernance interne
Guide de l'Australie pour l'adoption de l'IA (pratiques relatives à la mise en œuvre)	Pratiques de mise en œuvre 1, 2 et 4
Code de conduite volontaire du Canada visant un développement et une gestion responsables des systèmes d'IA générative avancés et Guide de mise en œuvre pour les gestionnaires de systèmes d'intelligence artificielle (« **Code de conduite du Canada** »)	Responsabilité
Convention-cadre du Conseil de l'Europe sur l'intelligence artificielle et les droits de l'homme, la démocratie et l'État de droit (Conseil de l'Europe, 2024) et méthodologie correspondante pour l'évaluation des risques et des impacts des systèmes d'IA du point de vue des droits humains, de la démocratie et de l'État de droit (« **HUDERIA du Conseil de l'Europe** »)	Méthodologie HUDERIA
Loi de l'UE sur l'IA	Art. 9, paragraphes 1 à 3 : Système de gestion des risques, art. 17, paragraphe 1 : Système de gestion de la qualité
Règlement sur les services numériques de l'Union européenne (« **DSA UE** »).	Art. 14 : Conditions générales et art. 45 : Codes de conduite
Directive de l'Union européenne sur le devoir de vigilance des entreprises en matière de durabilité (« **CSDDD UE** »).	Art. 7 : Intégration du devoir de vigilance dans les politiques et les systèmes de gestion des risques de l'entreprise
Code de conduite international pour les systèmes d'IA avancés dans le cadre du processus d'Hiroshima (« **Code de conduite du processus d'Hiroshima** »).	Principe 4 (paragraphe 2), Principe 5 (paragraphes 1,3, et 4) et Principe 7

Cadre de gestion des risques liés à l'IA	Dispositions concernées
Processus de modèle standard IEEE 7000-2021 pour répondre aux préoccupations éthiques lors de la conception du système (« **IEEE 7000** ») établi par l'Institut des ingénieurs électriciens et électroniciens (IEEE)	6 : Fonctions principales ; 7 : Concept d'opérations (ConOps) et processus d'exploration du contexte
Organisation internationale de normalisation (ISO)/Commission électrotechnique internationale (IEC) 23894 Technologies de l'information — Intelligence artificielle — Recommandations relatives au management du risque (« **ISO/IEC 23894** »)	5.1 : Généralités ; 5.2 : Leadership et engagement ; 5.3 : Intégration ; 5.4 : Conception
ISO/IEC 38507:2022 : Technologies de l'information — Gouvernance des technologies de l'information — Implications de gouvernance de l'utilisation par des organisations de l'intelligence artificielle (« **ISO/IEC 38507** »)	4 : Implications de gouvernance de l'utilisation par des organisations de l'intelligence artificielle (comprend des considérations relatives à la gouvernance et à la responsabilité), 6 : Politiques pour gérer l'utilisation de l'IA (comprend la surveillance, la prise de décisions, l'utilisation des données, la conformité, la culture et les valeurs).
ISO/IEC 42001 Technologies de l'information — Intelligence artificielle — Système de management (« **ISO/IEC 42001** »)	Amplement abordée aux points 4 : Contexte, 5 : Leadership, 6 : Planification, 7 : Support, 8 : Opérations, 9 : Évaluation des performances, 10 : Amélioration. Mise en œuvre des mesures techniques et organisationnelles requises afin de détecter les risques. Abordée en détail à l'annexe A.2 (Politiques d'IA), aux sous-contrôles A.2.2–A.2.4 et à l'annexe A.5.2 (évaluation de l'impact de l'IA) pour la gestion des risques
Japon - Lignes directrices sur l'IA à l'intention des entreprises, version 1.1 (**« Lignes directrices du Japon sur l'IA »**)	Partie 2 E. Renforcer la gouvernance de l'IA, parties 3, 4 et 5 ; Annexe 2 « Section 2 E. Renforcer la gouvernance de l'IA » et Annexes 3, 4 et 5.
Loi fondamentale de la Corée sur l'IA	Art. 34
Cadre d'évaluation AI Verify de Singapour	1.1.1 – 9.6.3
Orientations du Département des Sciences, de l'Innovation et de la Technologie du Royaume-Uni (DSIT) : Présentation des garanties en matière d'IA (« **Cadre de garanties en matière d'IA établi par le DSIT du Royaume-Uni** »).	3.2 : Garanties et gouvernance en matière d'IA 6.1 : Étapes de création d'une garantie en matière d'IA
Les Principes directeurs des Nations unies relatifs aux entreprises et aux droits de l'homme (« **UNGP** »)	Principes opérationnels 15 et 16 : Engagement politique
Cadre de gestion des risques liés à l'IA de l'Institut national des normes et de la technologie (NIST) des États-Unis.	Gouvernance

Étape 1.1 – Politiques de CRE

Élaborer, adopter et diffuser un ensemble de politiques sur des questions de CRE qui relient les engagements des entreprises aux principes et aux normes édictés dans les Principes de l'OCDE sur l'IA et les Principes directeurs à l'intention des entreprises multinationales. Ces politiques doivent comprendre des plans de mise en œuvre du devoir de diligence qui correspondront aux activités et aux relations d'affaires des entreprises en matière de développement et d'utilisation de l'IA.

Exemples concrets d'application (pour toutes les entreprises de la chaîne de valeur de l'IA, groupes 1 à 3)

1. Outre les engagements relatifs aux normes et principes de CRE correspondants, s'engager à appliquer, s'il y a lieu, les Principes de l'OCDE sur l'IA en matière de conception, de développement, de déploiement, de fonctionnement et d'utilisation des systèmes d'IA (valeurs centrées sur l'humain, équité, transparence, explicabilité, robustesse, sûreté, sécurité et responsabilité).
2. Élaborer ou réexaminer et actualiser les politiques de CRE qui existent déjà, notamment les politiques de gestion des risques, avec la participation active des parties prenantes concernées, telles que les travailleurs, leurs représentants et les syndicats, pour qu'elles correspondent aux principes formulés dans les cadres internationaux, régionaux et nationaux.

3. S'appuyer sur les conclusions de l'évaluation des risques (voir l'Étape 2) pour actualiser ou définir plus précisément la manière dont l'entreprise répond aux risques les plus importants qui ont été détectés (voir l'Étape 3).
4. Définir des seuils de tolérance au risque pour déterminer les différents degrés de gravité et de probabilité (faible, moyen, élevé) des risques et conseiller des réponses adaptées ou un exercice du devoir de diligence plus approfondi.
5. Selon les circonstances, rendre publiques les politiques de gestion des risques (sur le site web de l'entreprise par exemple, et le cas échéant dans les langues des régions dans lesquelles l'entreprise exerce ses activités ou entretient des relations d'affaires). Dans certains cas, les entreprises pourront souhaiter mettre à disposition de certaines parties prenantes et relations d'affaires des politiques et des informations plus détaillées sur la gestion des risques (voir l'Étape 5) ou prendre des engagements particuliers concernant certains risques et problèmes.
6. Étudier des politiques qui soient suffisamment souples et neutres d'un point de vue technologique pour pouvoir évoluer à l'avenir, tout en étant suffisamment précises pour orienter les équipes opérationnelles.
7. Envisager d'aligner les politiques sur les stratégies nationales existantes afin de garantir la cohérence entre les engagements au titre de la CRE et les priorités du pays d'accueil.

Étape 1.2 – Systèmes de gestion internes

S'employer à intégrer les questions de CRE et une IA digne de confiance dans les politiques, organes de surveillance, structures, systèmes, processus et équipes de l'entreprise, pour qu'elles fassent partie intégrante des processus habituels, et tenir compte de l'indépendance et de l'autonomie éventuelles, ainsi que de la structure juridique, de certains de ces organes qui peuvent figurer dans la législation et les réglementations nationales.

Exemples concrets d'application (pour toutes les entreprises de la chaîne de valeur de l'IA, groupes 1 à 3)

1. Confier la responsabilité de la mise en œuvre du devoir de diligence en matière d'IA et de son suivi à des hauts responsables et la responsabilité plus large des enjeux CRE au conseil d'administration ou de surveillance de l'entreprise.
2. Confier la responsabilité de la mise en œuvre de certains aspects des politiques aux départements concernés, en prêtant une attention particulière aux travailleurs dont les actions et les décisions sont les plus susceptibles d'accroître ou de réduire les risques d'impacts négatifs (tel que les équipes de développement, le personnel chargé de collecter et d'annoter les données ou de la modération de contenu, de la conception de systèmes, et/ou de l'achat de produits ou services, et les systèmes conçus pour prendre des décisions importantes). Il convient que les fonctions et les responsabilités, ainsi que les lignes de communication liées à la gestion des risques, soient documentées et transmises aux différentes personnes et équipes de l'entreprise.
3. Développer des systèmes d'information et d'archivage, ou adapter ceux existants, pour collecter des données sur les processus de gestion des risques liés à l'IA pour détecter les incidences négatives (processus permettant de répertorier les systèmes d'IA, de documenter et de communiquer les risques des systèmes d'IA conçus, développés, déployés, évalués et utilisés), par exemple pour :
   a. Élaborer des politiques et des pratiques destinées à collecter, étudier, classer par ordre de priorité et intégrer les retours d'expérience d'autres unités de l'entreprise — indépendantes de l'équipe ayant développé ou déployé le système d'IA — sur les risques éventuels (par exemple,

dans le domaine des achats, des ventes, de la conformité, du contrôle des exportations, du marketing, ou des ressources humaines).

b. Créer des mécanismes permettant à l'équipe qui a développé ou déployé les systèmes d'IA d'intégrer régulièrement à la conception et à la mise en œuvre les retours d'expérience internes et externes sur les risques.

c. Définir des procédures et des politiques transparentes pour cartographier précisément et communiquer, à la fois en interne et à l'extérieur, les risques présentés par les systèmes d'IA dans toutes les relations d'affaires.

4. Mettre en place des canaux de communication, ou utiliser ceux existants, entre les managers seniors et les départements chargés de la mise en œuvre du devoir de diligence, pour qu'ils puissent partager des informations et des documents sur les risques à traiter et les décisions prises à cet effet.

5. Transmettre les politiques au personnel concerné de l'entreprise (lors des formations ou de l'intégration du personnel, du processus d'examen de la conception, pour le personnel de gestion des relations clients ou à titre de point permanent des réunions du conseil d'administration, etc.).

6. Prévoir des politiques, des procédures et des formations pour garantir que le personnel connaît ses obligations en matière de gestion des risques et les pratiques de gestion des risques de l'entreprise.

7. Encourager la cohérence des équipes et des unités de l'entreprise sur les différents aspects des politiques de CRE concernant l'IA. Cela peut reposer par exemple sur la création de groupes ou de comités interfonctionnels pour partager les informations et les décisions sur les risques, et y associer les unités susceptibles d'influer sur l'adoption des politiques de CRE pour l'IA dans les décisions.

d. Réfléchir à la constitution d'un comité spécialisé ou d'un groupe de travail doté de responsabilités et de fonctions bien précises concernant la mise en œuvre du devoir de diligence en matière d'IA. Envisager de nommer des spécialistes externes indépendants au comité au titre des actions plus larges menées pour collaborer avec les acteurs concernés.

e. Définir des mesures incitatives pour le personnel et les unités fonctionnelles compatibles avec les politiques de CRE de l'entreprise en matière d'IA (objectifs ou mesures associées à l'application des politiques de CRE dans les évaluations des employés, tels que la réduction de la consommation d'énergie, la réalisation d'activités de collaboration avec les parties prenantes, l'adoption des politiques de CRE, la mise en place de défis ou de hackathons incitatifs portant sur la recherche de solutions à des problèmes de CRE).

8. Examiner les processus existant dans le domaine de l'informatique, de la sécurité, des achats, ou du cycle de vie du développement logiciel pour observer comment ils interagissent avec les politiques et les processus mis en place dans le cadre de la diligence raisonnable relative à l'IA.

9. Favoriser la diversité dans les décisions concernant la gestion des risques liés à l'IA (par exemple, diversité de disciplines, d'expérience, de compétences et de parcours pour le personnel ou les acteurs concernés).

10. Créer des systèmes de suivi des incidents et de réponse.

11. Élaborer, reprendre ou adapter des procédures de plainte ou de signalement existantes pour que le personnel puisse soulever des problèmes ou déposer des plaintes liées à des questions de CRE, dans le respect des réglementations nationales.

12. Définir des politiques et des pratiques visant à encourager un esprit critique lors de la conception, du développement, du déploiement et de l'utilisation des systèmes d'IA.

13. Élaborer des processus permettant d'améliorer, de désactiver et de supprimer progressivement les systèmes d'IA en toute sécurité et sans augmenter les risques, en créer de nouveaux ni entamer la fiabilité de l'entreprise.
14. Définir des plans d'urgence en cas de panne, d'incident ou d'impacts négatifs provoqués par les systèmes d'IA.
15. Élaborer un plan de collaboration avec les parties prenantes pour leur permettre d'évaluer et de suivre la mise en œuvre des processus de CRE dans l'entreprise et faire en sorte qu'elles participent régulièrement aux processus de CRE, en particulier les travailleurs, leurs représentants et les syndicats.
16. Créer des initiatives collaboratives, ou y participer, pour définir, faire progresser et adopter le cas échéant des normes, des outils, et des mécanismes partagés, ainsi que des bonnes pratiques visant à garantir la sûreté, la sécurité et la fiabilité des systèmes d'IA de pointe, tels que le Catalogue d'outils à l'appui d'une IA digne de confiance élaboré par l'OCDE.

Étape 1.3 – Attentes relatives aux relations d'affaires

Intégrer les politiques et les attentes en matière de CRE dans les relations d'affaires.

Exemples concrets de mise en œuvre (pour toutes les entreprises de la chaîne de valeur de l'IA, groupes 1 à 3)

1. Communiquer les principaux aspects des politiques de CRE relatives à l'IA aux relations d'affaires concernées, en particulier les fournisseurs, les partenaires commerciaux et les utilisateurs des systèmes d'IA.
2. Si l'activité de l'entreprise repose sur des partenaires commerciaux — relations d'affaires pour l'achat, la distribution, l'intégration, puis la revente de produits et services à des clients finaux — mettre en place des canaux de communication entre les différents acteurs commerciaux et avec les parties prenantes extérieures pour garantir la continuité du devoir de diligence.
3. Définir et appliquer des processus de présélection des fournisseurs ou des clients qui tiennent compte du devoir de diligence en matière de CRE lorsque cela est possible, et les adapter aux risques et aux conditions données pour qu'ils correspondent aux questions de CRE intéressant particulièrement les relations d'affaires de l'entreprise et leurs activités ou secteurs d'activité.
4. Le cas échéant, en particulier dans le cas de relations d'affaires avec des PME, envisager de fournir des ressources adaptées aux fournisseurs, aux clients, aux utilisateurs finaux ou autres relations d'affaires pour qu'ils comprennent et appliquent les politiques de CRE qui les concernent et exercent leur devoir de diligence (participation à des actions de sensibilisation, de formation ou de renforcement des capacités ciblées avec les relations d'affaires et les travailleurs concernés). Lorsqu'il y a lieu, les ressources et les conseils fournis aux clients et utilisateurs finaux seront en principe aussi précis et ciblés que possible.
5. S'employer à comprendre et à lever les obstacles associés aux pratiques commerciales de l'entreprise qui sont susceptibles d'empêcher ses fournisseurs, utilisateurs et autres relations d'affaires d'appliquer les politiques de CRE, telles que les pratiques adoptées par l'entreprise pour l'acquisition d'algorithmes, d'ensembles de données, de logiciels ou de matériels informatiques.

Étape 2 – Identifier et évaluer les impacts négatifs potentiels et avérés

Tableau 2.2. Étape 2 : Feuille de route des dispositions connexes dans les cadres existants

Guide de l'ASEAN	Section C.2 : Déterminer le niveau d'intervention humaine dans le processus décisionnel fondé sur l'IA ; C.3. Gestion des opérations ; et Annexe A : 3 : Déterminer le niveau d'intervention humaine dans le processus décisionnel enrichi par l'IA ;
Guide de l'Australie pour l'adoption de l'IA (pratiques relatives à la mise en œuvre)	Pratiques de mise en œuvre 2 et 3.2
Code de conduite du Canada	Mesure de sécurité 1
HUDERIA du CdE	Analyse des risques fondée sur le contexte (COBRA) et Évaluation des risques et des impacts (RIA)
Loi de l'UE sur l'IA	Article 9, paragraphe 2 : identification, analyse et évaluation des risques connus et prévisibles, article 55, paragraphe 1 : obligations incombant aux fournisseurs de modèles d'IA à usage général présentant un risque systémique
DSA de l'UE	Article 34 : évaluation des risques
Directive CSDDD de l'UE	Articles 8 et 9 : recensement et évaluation des incidences négatives réelles et potentielles, et si nécessaire, hiérarchisation des incidences négatives réelles et potentielles recensées
Code de conduite du processus d'Hiroshima	Principes 1, 2, 6 et 7
IEEE 7000	8. Processus de détermination et de hiérarchisation des valeurs éthiques ; 9. Processus de définition des exigences éthiques
ISO 31000 et ISO/IEC 23894	6.3 : Périmètre d'application, contexte et critères – 6.4 : Appréciation du risque
ISO/IEC 42001	6 : Planification (6.1.1, 6.1.2, 6.1.4) ; 8 : Opérations (8.2, 8.4) ; Annexe A.5 (Évaluer les impacts des systèmes d'IA) ; sous-contrôles A.5.2–A.5.5
ISO/IEC 42005	5.8 Effets réels et potentiels
Japon - Lignes directrices sur l'IA à l'intention des entreprises	Annexe 1.B Les avantages et les risques liés à l'IA ; Annexe 2. A Renforcer la gouvernance de l'IA et son suivi par la direction
Loi fondamentale de la Corée sur l'IA	Articles 32, 33 et 35
Cadre d'évaluation AI Verify de Singapour	Sûreté 4.1.1 – 4.3.1
Cadre de garanties en matière d'IA du ministère de la Science, de la Technologie et de l'Innovation du Royaume-Uni	4.1.1 : Mesurer ; 4.1.2 : Évaluer, 5.4 : Évaluer les risques, .5 : Évaluer les impacts ; 5.6 : Contrôler les biais
Principes directeurs des Nations Unies (UNGP)	Principes opérationnels 17, 18
Cadre de gestion des risques liés à l'IA du National Istitute of Standards and Technology (NIST) des Etats-Unis	Gouverner 1, 4, Cartographier 1-5

Étape 2.1 — Première étape d'identification des risques

Effectuer un premier examen afin d'identifier où se situent les risques et où ils pourraient être les plus significatifs p

Plusieurs cadres établis aux niveaux international, régional et national décrivent les risques liés au développement et à l'utilisation des systèmes d'IA et recommandent les mesures à prendre par les entreprises pour y faire face. L'un des objectifs de ce guide est d'aider les entreprises à mettre en œuvre d'autres cadres de gestion des risques. Même si la liste de ces cadres peut être utile aux efforts de diligence raisonnable d'une entreprise sur les risques potentiels concernés, elle n'est pas exhaustive. Par ailleurs, bon nombre de risques se recoupent et peuvent être reliés entre eux. De même, les cadres ne sont pas tous pertinents pour chaque entreprise. Chacune d'elle doit définir ses domaines de risques prioritaires en fonction de sa situation particulière.

Lorsqu'elles déterminent l'ordre dans lequel les risques doivent être traités (voir l'Étape 2.4), les entreprises devraient tenir compte du fait que certains risques sont étroitement liés ou peuvent favoriser l'apparition d'autres risques.

À l'instar de nombreuses nouvelles technologies, des acteurs publics ou privés mal intentionnés peuvent trouver les moyens d'exploiter les systèmes d'IA. Le potentiel important de double utilisation des systèmes et la possibilité de réadapter des systèmes d'IA peuvent aboutir à des utilisations préjudiciables y compris lorsque la conception initiale ne présentait pas de risque.

Exemples concrets d'application (pour les fournisseurs de données d'IA, groupe 1)

1. Identifier les relations d'affaires qui sont fortement impliquées dans le développement des systèmes d'IA (relations d'affaires du groupe 2).
2. Connaître les prémices des types de systèmes d'IA développés par les relations d'affaires, notamment les informations sur les risques qui y sont associés, tels que décrits à l'étape 2.1.

Exemples concrets d'application (pour toutes les entreprises du cycle de vie du système d'IA, groupe 2)

1. Comprendre le rôle de l'entreprise dans le cycle de vie du système d'IA et conserver un registre à jour des systèmes d'IA associés à l'entreprise.
2. Comprendre les risques d'impacts négatifs potentiels liés au développement et/ou à l'utilisation d'un ou de plusieurs systèmes d'IA. Cela peut prendre la forme de recherches documentaires et de consultations sur les risques liés au système d'IA, d'une collecte et d'un examen de rapports sur les risques du système d'IA ou de l'entreprise qui l'a développé ou modifié. Parmi les sources internes d'information sur les risques figurent les mécanismes de suivi des incidents, les organes de surveillance, et les canaux de communication décrits à l'Étape 1.2. Les sources externes d'information comprennent les rapports établis par les institutions nationales de défense des droits humains, les observatoires nationaux de l'IA, les organismes de réglementation, les ministères sectoriels, les mécanismes de responsabilisation internationaux et régionaux relatifs aux droits humains, les organisations de la société civile, les travailleurs et leurs représentants, les syndicats, les bases de données publiques des incidents[11], les procédures judiciaires, les mécanismes de recours, et la collaboration avec les groupes de population touchés et à risque. Le Cadre de l'OCDE pour la classification des systèmes d'IA permet également de mieux comprendre les risques associés aux systèmes d'IA (voir Cadre de l'OCDE pour la classification des systèmes d'IA (OCDE, 2022[13])).
3. Les informations sur les risques peuvent concerner :
   a. *les interactions des systèmes d'IA :* si deux systèmes d'IA isolés peuvent ne présenter aucun risque, la possibilité qu'ils causent un préjudice augmente s'ils sont déployés de manière à interagir entre eux sans garde-fous ;
   b. la nature du système d'IA, son utilisation ou le produit dans lequel il est utilisé (reconnaissance faciale et des émotions, police prédictive, surveillance, marketing) ;
   c. le type d'utilisateur/d'utilisation du système d'IA et les objectifs professionnels de l'utilisateur (média, entreprises, prestataires de santé, organes judiciaires, forces de l'ordre, agences de renseignement, personnes physiques) ;
   d. les sources des données, les logiciels, les extensions physiques et les interventions humaines dans le système (risques relatifs au travail lors de l'annotation des données et de la modération de contenu, recueil des données privées ou propriété intellectuelle) ;
   e. le contexte géographique, socioéconomique et politique de déploiement du système d'IA (régions présentant un niveau élevé de corruption, de violation des droits de l'homme et des droits du travail, zones de conflit) ;

f. la compétence et la validité scientifique du système d'IA (risque que les tâches importantes soient effectuées de manière incorrecte ou inadéquate) ;

g. les circonstances connues ou raisonnablement prévisibles de l'utilisation du système d'IA selon sa finalité prévue, ou les conditions raisonnablement prévisibles d'utilisation inadéquate ou abusive susceptibles d'exercer des impacts négatifs (voir l'Encadré 2.1), pour définir des indicateurs des types d'utilisation des systèmes d'IA qui risquent davantage d'entraîner des impacts négatifs).

4. Lorsque la conduite d'une évaluation approfondie de tous les systèmes d'IA n'est pas réalisable ou réaliste, envisager un système de progressivité (prévoir par exemple un questionnaire évaluant le niveau de risque de tous les nouveaux systèmes d'IA, de manière à ce que tous ceux qui présentent un certain niveau de risque requièrent un exercice plus approfondi du devoir de diligence).
5. Examiner régulièrement et à chaque modification importante les conclusions de l'exercice d'identification des risques (activité dans un nouveau pays, développement d'un nouveau système d'IA ou produit, restructuration, instauration de nouvelles relations d'affaires, modifications notables de la législation en vigueur).
6. Étudier la législation, les réglementations et les normes en vigueur en matière de protection du consommateur ou pour des secteurs précis (tels que la santé, le secteur manufacturier, l'aviation, etc.) pour que les entreprises connaissent les risques des systèmes d'IA et en définissent les utilisations à haut risque.

Encadré 2.1. Exemples d'utilisations à haut risque des systèmes d'IA issus de différents cadres

Les utilisations à haut risque des systèmes d'IA dépendent du contexte et les critères permettant de les détecter varient selon les juridictions. Certains cadres de référence pour la gestion des risques liés à l'IA ont déterminé que les utilisations de l'IA indiquées ci-dessous sont potentiellement à haut risque :

- Utilisations présentant des risques chimiques, biologiques, radiologiques et nucléaires, telles que les moyens d'abaisser les barrières à l'entrée, y compris pour la mise au point, l'acquisition ou l'utilisation d'armes ; Il est important dans ce cas de considérer également la question de la double utilisation ;
- Utilisations dans des infrastructures critiques pouvant poser des risques sanitaires ou de sécurité (les transports, par exemple) ;
- Utilisations à des fins éducatives ou de formation professionnelle susceptible de déterminer ou d'avoir une influence importante sur l'accès à l'éducation ou à la formation d'un individu (notation des examens, services d'affectation, par exemple) ;
- Utilisations en lien avec la prestation de conseil et d'un accompagnement dans le domaine de la santé mentale, en particulier pour les personnes mineures ou d'autres personnes vulnérables ;
- Utilisations dans le recrutement, la gestion des travailleurs et l'accès à l'emploi (logiciel de sélection des CV dans les procédures de recrutement, par exemple) ;
- Utilisations liées à l'octroi ou à la suppression de l'accès aux services publics et privés essentiels (accès aux services de santé ou note de solvabilité informant les personnes de la possibilité d'obtenir un prêt) ;

- Utilisations liées à l'application de la loi et à l'administration de la justice (informations sur la condamnation ou la liberté conditionnelle, la liberté ou la détention provisoires, la surveillance, la prévision de la criminalité, la police prédictive et les analyses criminalistiques) ;
- Utilisations liées à la gestion de la migration, de l'asile et du contrôle des frontières (vérification de l'authenticité des documents de voyage, décisions concernant les demandes d'asile).

Source : Article 6 et annexes I et III de la loi de l'UE sur l'IA (2024[14]) Règlement (UE) 2024/1689 du Parlement européen et du Conseil du 13 juin 2024 établissant des règles harmonisées concernant l'intelligence artificielle et modifiant les règlements (CE) no 300/2008, (UE) no 167/2013, (UE) no 168/2013, (UE) 2018/858, (UE) 2018/1139, https://eur-lex.europa.eu/legal-content/FR/TXT/?uri=OJ%3AL_202401689 ; G7 (2023[15]) Code de conduite international pour les systèmes d'IA avancés dans le cadre du processus d'Hiroshima, https://www.mofa.go.jp/ecm/ec/page5e_000076.html.

Exemples concrets d'application (pour les utilisateurs des systèmes d'IA, groupe 3)

1. Développer une première compréhension de l'ensemble des usages des systèmes d'IA au sein de l'entreprise, ainsi que les informations sur les risques inhérents décrits à l'étape 2.1, paragraphe 54(b) (ressources humaines, marketing, ventes, service à la clientèle, achats, diligence raisonnable, etc.) et déterminer quelles sont les utilisations qui nécessitent l'exercice d'un devoir de diligence plus approfondi. Ce dernier ne se justifie pas nécessairement en cas de risque peu marqué.
2. Identifier les relations d'affaires qui développent et déploient des systèmes d'IA pour leurs activités, leurs produits et services.

Étape 2.2 – Évaluation approfondie des risques les plus significatifs

En s'appuyant sur les domaines de risques les plus significatifs identifiés, mener des études d'évaluation itératives et de plus en plus précises sur les risques que l'entreprise a définis comme prioritaires en lien avec (1) ses propres activités et (2) ses relations d'affaires (fournisseur, clients et utilisateurs).

Encadré 2.2. Comprendre l'approche fondée sur les risques

Les Principes directeurs de l'OCDE à l'intention des EMN recommandent d'adopter une approche fondée sur les risques à l'égard des impacts négatifs, et reconnaissent qu'il n'est pas toujours possible de remédier immédiatement à tous les impacts négatifs. Il s'agit d'un concept essentiel lors de l'application du devoir de diligence à l'IA, en particulier des systèmes d'IA à usage général, certaines entreprises pouvant être associées à des impacts causés par des centaines ou des milliers de relations d'affaires qui recourent au système d'IA.

À cet égard, les Principes directeurs à l'intention des EMN précisent que, **lorsque les entreprises ont un grand nombre de relations d'affaires, elles sont invitées à identifier les domaines généraux dans lesquels le risque d'impact négatif est le plus significatif puis, à partir de cette évaluation du risque, à exercer le devoir de diligence de manière prioritaire à l'égard de ces domaines.** Cette approche fondée sur les risques doit également prendre en compte les circonstances connues ou raisonnablement prévisibles liées à l'utilisation du système d'IA conformément à sa destination première, mais aussi dans des conditions raisonnablement prévisibles d'utilisation inadéquate ou abusive.

Le caractère significatif (ou « saillant ») d'un impact négatif est défini en fonction de sa gravité et de sa probabilité (OCDE, 2018[3]). La gravité des impacts dépendra de leur ampleur, de leur échelle et de leur caractère irrémédiable (voir le Tableau 2.3). L'ampleur désigne la gravité d'un impact négatif. L'échelle renvoie à la portée de l'impact, par exemple le nombre d'individus touchés ou susceptibles de l'être. Le caractère irrémédiable désigne toute limite à la possibilité de rétablir une situation équivalente à celle qui prévalait avant le dommage. La gravité n'est pas un concept absolu, mais dépend des circonstances. Le concept de probabilité doit être examiné avec les différents facteurs de gravité, auxquels il est étroitement lié.

Par exemple, si un système d'IA présente des risques qui sont moins probables, mais plus graves, et des risques très probables, mais moins graves, il est attendu de l'entreprise chargée de son développement qu'elle montre que les deux types de risques sont bien pris en compte et surveillés et qu'elle dispose de processus pour remédier au risque considéré comme le plus significatif à ce moment-là.

Les entreprises devraient disposer d'un processus crédible de classement par priorité et accomplir des progrès vers la réalisation de leurs objectifs assortis d'une échéance précise et axés sur les résultats. Les échanges avec les parties prenantes sur le classement des risques par priorité et une communication transparente des raisons et des critères de ce classement amélioreront la crédibilité des processus de diligence raisonnable (voir également l'Encadré 2.6).

Exemples concrets d'application (pour les entreprises du cycle de vie du système d'IA, groupe 2) – identifier les risques au sein de leurs propres activités

1. Dresser la liste des réglementations particulières et des normes nationales, internationales ou sectorielles applicables à un système d'IA ou à un acteur de l'IA évalué, notamment les normes nationales et internationales de CRE et du travail.
2. Examiner les informations TEVV (test et évaluation, vérification et validation), notamment celles qui concernent la conception expérimentale, la collecte et à la sélection des données (disponibilité, exactitude, représentativité, adéquation), la fiabilité du système et la validation conceptuelle. S'efforcer de garantir que les outils ou instruments utilisés pour mesurer, tester ou atténuer les risques liés aux systèmes d'IA ont été eux-mêmes testés, qu'ils ont une utilité démontrée et quantifiable et qu'ils ont fait l'objet de contrôle de qualité pour l'ensemble des mesures.
3. Lorsque cela est pertinent au regard du risque, examiner les évaluations des systèmes d'IA impliquant des sujets humains.
4. Étudier comment les résultats du système doivent être utilisés et supervisés par des êtres humains.
5. Consulter des spécialistes de la question, des utilisateurs et des entreprises indépendants de l'équipe ayant développé ou déployé le système d'IA.
6. Consulter et faire participer les parties prenantes, notamment les travailleurs, leurs représentants et les syndicats, les groupes de population touchés ou susceptibles de l'être, les experts indépendants et les groupes de la société civile pour recueillir des informations sur les risques significatifs, en tenant compte des obstacles potentiels à la participation efficace des parties prenantes. Lorsqu'il est impossible de consulter directement les parties prenantes, envisager d'autres solutions raisonnables, telles que la consultation d'experts indépendants, dont les défenseurs des droits humains, les syndicats et les groupes de la société civile.
    a. Consulter les parties prenantes potentiellement touchées aussi bien avant que pendant les projets ou activités susceptibles de les toucher.
    b. Envisager de permettre à certaines parties prenantes de participer aux tests des systèmes d'IA ou de les analyser (tests A/B, par exemple), tout en respectant le secret des affaires et les droits de propriété intellectuelle.

7. Prendre en compte les risques d'impacts négatifs à l'étape préalable au déploiement et à celle du développement (vol de modèle, utilisation abusive en interne).
8. Détecter les risques menaçant la robustesse et la sécurité des systèmes d'IA, notamment par le biais de garanties mathématiques ou de tests de robustesse face à des attaques malveillantes
9. Recenser les risques en matière de protection de la vie privée et de gouvernance des données, au niveau des données et du modèle (voir l'Encadré 2.3).
10. Détecter les risques inhérents au système d'IA qui facilitent ou encouragent des résultats ayant des impacts négatifs sur l'être humain et des conséquences préjudiciables pour la société et l'intérêt général.

Encadré 2.3. Détecter les risques menaçant la qualité des données, l'interopérabilité et l'accès tout au long du cycle de vie du système d'IA

La collecte et le traitement des données dans le contexte de l'IA comportent plusieurs risques qui, s'ils ne sont pas correctement pris en compte, peuvent compromettre la crédibilité du système d'IA ainsi que l'exactitude de ses résultats et causer des impacts négatifs. Ces impacts peuvent résulter de données obtenues de manière illégale ou inappropriée, de données manipulées et d'un accès asymétrique aux données. Ils peuvent apparaître au niveau des données, au niveau du modèle, à l'intersection des deux, ainsi que lors de l'interaction entre l'humain et le système d'IA.

- Au niveau des données : les évaluations d'impact sur la protection des données sont la procédure courante d'évaluation des risques. Cette procédure est prévue par la loi dans de nombreuses juridictions. Ces évaluations prennent en considération les risques d'empoisonnement des données où les données d'entraînement sont manipulées de manière malveillante afin de modifier le comportement d'un modèle.
- Au niveau du modèle : la sécurité d'un modèle d'IA peut être évaluée en fonction des paramètres suivants :
  1. niveau d'accès que peut avoir un acteur malveillant, qui va de la « boîte noire » (aucune connaissance du modèle) à la « transparence totale » (informations complètes sur le modèle et ses données d'entraînement) ;
  2. phases au cours desquelles une attaque pourrait survenir (pendant l'entraînement ou l'inférence, par exemple) ;
  3. probabilité que les attaques soient passives (« honnêtes, mais étranges ») ou actives (totalement malveillantes), selon le profil de menace ;
  4. question de savoir si le modèle s'appuie sur des transferts de données entre États (dans le cas, par exemple, où le développeur est une entreprise multinationale et les données sont recueillies auprès de plusieurs juridictions, ou si une partie du développement du modèle est confiée à d'autres entités).
- À l'interface entre le niveau des données et celui du modèle : les risques comprennent la possibilité d'effectuer des prédictions concernant certains membres d'un ensemble de données d'entraînement à partir de ses interactions avec le modèle. Les techniques permettant d'évaluer les niveaux de vulnérabilité comprennent la divulgation statistique, l'inversion de modèle, l'inférence de représentants de classes, ainsi que l'inférence d'appartenance ou des propriétés.
- Au niveau de l'interaction entre l'humain et l'IA : la formation, les listes de contrôle et les processus de vérification peuvent faciliter le recensement des risques liés aux interactions entre l'être humain et le système (comme les actions involontaires — ou l'absence d'actions — de la

part des développeurs ou des utilisateurs qui compromettent la protection de la vie privée ou la gouvernance des données d'un système d'IA).

Les Lignes directrices de l'OCDE sur la protection de la vie privée, adoptées en 1980 et révisées en 2013 (OCDE, 2015[16]) constituent la pierre angulaire des travaux de l'OCDE dans ce domaine et sont reconnues comme la norme minimale mondiale en matière de protection de la vie privée et des données. Par ailleurs, les Orientations relatives à la mise en œuvre des Lignes directrices de l'OCDE sur la protection de la vie privée : chapitre sur la responsabilité peuvent aider les parties prenantes à mieux comprendre et mettre en œuvre les principes de responsabilité décrits dans les Lignes directrices de l'OCDE sur la protection de la vie privée dans le cadre de leurs programmes de protection de la vie privée. Cette approche des programmes de gestion de la vie privée fondée sur les risques offre aux organisations un outil précieux pour faire face aux risques et défis en pleine mutation, notamment ceux que posent les technologies émergentes.

Source : OCDE (2023[17]), *OECD Advancing accountability in AI: Governing and managing risks throughout the lifecycle for trustworthy AI*, https://doi.org/10.1787/2448f04b-en; OCDE (2013[18]), *Lignes directrices régissant la protection de la vie privée et les flux transfrontières de données de caractère personnel*, https://legalinstruments.oecd.org/en/instruments/OECD-LEGAL-0188.

Exemples concrets de mise en œuvre (pour les entreprises du cycle de vie du système d'IA, groupe 2) – identifier les risques liés aux relations d'affaires utilisant les systèmes d'IA

1. Cartographier les activités concernées au sein de l'organisation ou les relations d'affaires pertinentes au regard des risques classés par priorité.
2. Examiner si les relations d'affaires à haut risque concernées ont mis en place des politiques de diligence raisonnable et des systèmes de gestion internes (conformément à l'Étape 1).
3. Dans le cadre de l'évaluation des relations d'affaires, notamment les services d'enrichissement de données, utiliser, si possible, les informations issues des propres évaluations d'impact de l'organisation ou de celles de tiers, des analyses juridiques, des systèmes de gestion de la conformité, des audits financiers, des inspections de santé et de sécurité au travail, des rapports d'organisations de travailleurs, de syndicats et/ou de la société civile, ainsi que toute autre évaluation pertinente conduite par l'organisation, par le secteur ou par des initiatives multipartites, ainsi que des processus de « connaissance de la clientèle » (KYC).
4. Envisager un système pouvant mener à alerter sur les ventes potentiellement à haut risque sans entraver exagérément les ventes à faible risque. Dans certains contextes, ce processus peut être relié aux procédures de conformité applicables au contrôle des exportations et aux sanctions ou en faire partie. Il peut être l'occasion de :
   a. définir des critères d'alerte sur les ventes à haut risque et exercer un devoir de diligence plus approfondi avant d'approuver les ventes signalées ;
   b. former le personnel concerné aux risques liés à l'utilisation finale et à la diligence raisonnable à l'égard de la clientèle ;
   c. intégrer les politiques de CRE dans les mesures incitant les équipes et partenaires commerciaux à améliorer leurs performances ;
   d. intégrer les règles de CRE dans les contrats avec les partenaires commerciaux ;
   e. fournir aux partenaires commerciaux des formations et des orientations sur le devoir de diligence pour une CRE
   f. créer un mécanisme de déclaration des informations sur les risques destiné aux partenaires commerciaux.

Exemples concrets d'application (pour les fournisseurs de données et les utilisateurs des systèmes d'IA, groupes 1 et 3)

1. Lorsqu'elles collaborent avec des entreprises se livrant à des activités du groupe 2 signalées comme présentant un risque élevé par les processus de diligence raisonnable, les entreprises devraient dialoguer directement avec ces relations d'affaires afin de mieux comprendre leurs efforts de diligence raisonnable et, s'il y a lieu, les encourager à prendre des mesures supplémentaires pour contrer les impacts négatifs avérés ou potentiels. Les informations de diligence raisonnable à recueillir auprès des relations d'affaires comprennent notamment :
    a. les engagements pris par l'acteur de l'IA pour adhérer à des normes nationales ou internationales en matière d'IA responsable (comme le Code de conduite du Processus d'Hiroshima, le Pacte européen sur l'IA, les codes de conduite pertinents issus du DSA et/ou de la loi de l'UE sur l'IA) ;
    b. les impacts négatifs significatifs ou les risques d'un système d'IA recensés, classés par ordre de priorité et évalués ;
    c. les critères de classement par ordre de priorité des risques à traiter (voir Étape 2.4) ;
    d. les actions mises en œuvre ou prévues pour prévenir ou atténuer les risques, notamment, le cas échéant, un calendrier estimatif, des critères de référence d'une amélioration et les résultats escomptés (voir Étape 3) ;
    e. les mesures de suivi de la mise en œuvre et des résultats (voir Étape 4) ;
    f. l'application de mesures de réparation ou, le cas échéant, la coopération à cet effet (voir Étape 6) ;
2. Lorsque les informations relatives à la diligence raisonnable ne sont pas disponibles, ou lorsque les relations d'affaires ne fournissent pas suffisamment de détails pour éclairer l'évaluation des risques d'une entreprise, les entreprises peuvent se référer aux évaluations existantes — telles que les évaluations partagées dans le cadre d'initiatives collaboratives multipartites ou sectorielles, les études universitaires, les prestataires de services de notation de la sécurité de l'IA, les rapports des ONG ou les autres services d'études de marché — tout en maintenant le dialogue avec la relation commerciale afin de rendre ces informations accessibles.

Étape 2.3 - Évaluer le degré d'implication de l'entreprise dans les impacts réels ou potentiels (causalité, contribution, lien direct)

Évaluer le degré d'implication de l'entreprise dans les impacts négatifs réels ou potentiels qu'elle a identifiés. En particulier, évaluer si l'organisation ou la relation d'affaires concernée a causé (ou pourrait causer) lesdits impacts négatifs ; ou si elle a contribué (ou pourrait contribuer) auxdits impacts négatifs ; ou encore si lesdits impacts négatifs sont (ou pourraient être) directement liés à ses activités, produits ou services au travers de ses relations d'affaires. La relation entre une entreprise et les impacts négatifs de ses activités n'est pas figée. Elle peut, par exemple, évoluer en fonction des circonstances et de la mesure dans laquelle les actions mises en place en matière de diligence raisonnable et pour traiter les incidences et les risques identifiés permettent de limiter les risques d'incidences négatives.

Encadré 2.4. Comprendre l'implication dans les risques

Même si toutes les entreprises devraient exercer une diligence raisonnable, le niveau de cet exercice peut varier en fonction de son implication dans les impacts négatifs réels ou potentiels. Il est attendu des entreprises qui causent des impacts négatifs qu'elles fassent cesser ou empêchent les impacts potentiels et remédient aux dommages causés par leurs impacts réels.

Les entreprises contribuant à des impacts négatifs devraient empêcher ou cesser leur contribution aux impacts potentiels, remédier à leur contribution au dommage et, si nécessaire, user de leur influence sur leurs relations d'affaires pour prévenir ou atténuer tout risque supplémentaire. Une entreprise contribue à un impact négatif si ses activités combinées à celles d'autres entités causent ledit impact, ou si ses activités ont causé, facilité ou incité une autre entité à le causer. Cette contribution doit être substantielle, c'est-à-dire qu'elle ne doit pas être mineure ou négligeable.

Les entreprises directement liées à des impacts négatifs devraient user de leur influence pour inciter leurs relations d'affaires à prévenir ou atténuer les risques ou les impacts négatifs, et si nécessaire la renforcer. La notion de « lien direct » renvoie à la relation qui peut être établie entre un impact négatif et les produits, services ou activités d'une entreprise, par le biais d'une entité tierce (c.-à-d. une relation d'affaires). La contribution à un impact négatif ou l'existence d'un lien direct avec celui-ci une fois qu'un système d'IA a été déployé, vendu ou revendu peut être souvent associée à des risques non atténués liés à la conception du produit ou à des utilisateurs finaux à haut risque.

Pour une explication détaillée de ces concepts, voir les scénarios illustrant le cadre pour l'implication dans l'Encadré 2.5 et le Guide OCDE pour une conduite responsable des entreprises.

Graphique 2.1. Attentes en matière de diligence raisonnable en fonction de l'implication dans les impacts négatifs

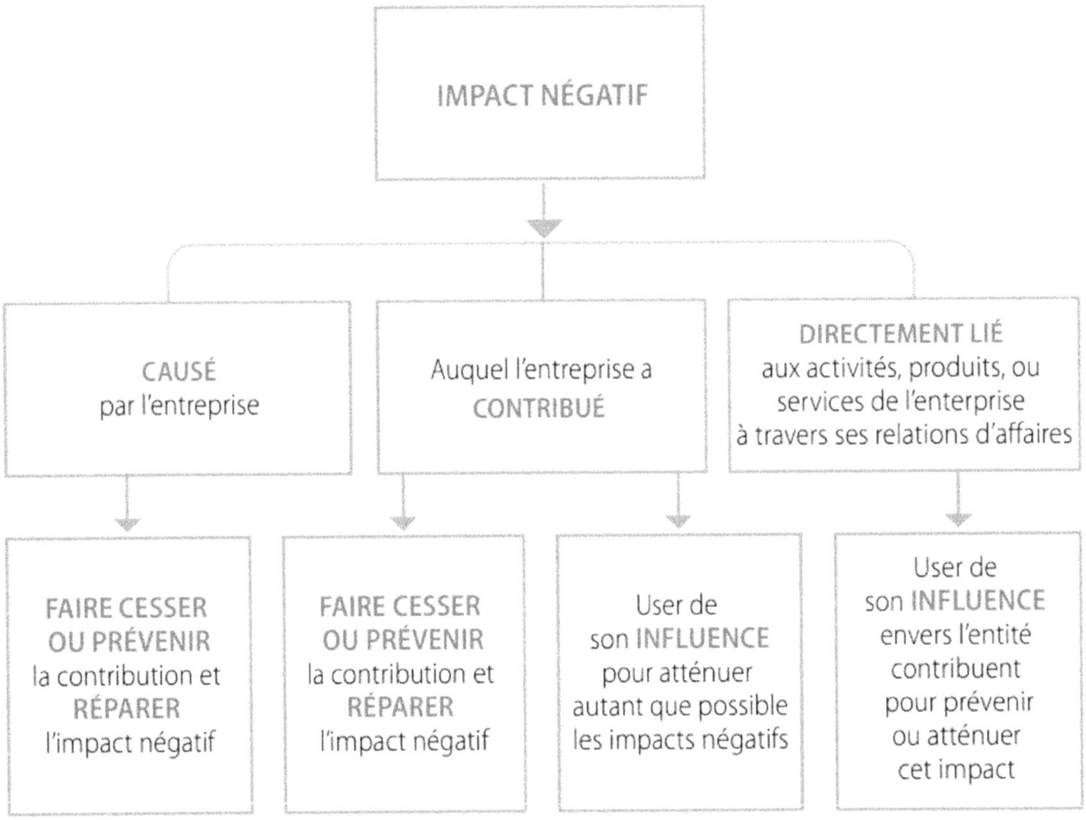

Source : OCDE (2018[3]), *Guide OCDE sur le devoir de diligence pour une conduite responsable des entreprises*, https://www.oecd.org/fr/publications/guide-ocde-sur-le-devoir-de-diligence-pour-une-conduite-responsable-des-entreprises_a9375127-fr.html.

Encadré 2.5. Scénarios illustrant les différents types d'implication

Causer l'impact

L'entreprise V a développé et déploie un modèle d'IA générative capable de créer des contenus textuels, audios et vidéos à partir des instructions des utilisateurs. Le modèle est entraîné à l'aide de données recueillies auprès de sources accessibles au public. Il est également entraîné avec des données privées d'utilisateurs individuels que l'entreprise recueille au moment où ils s'abonnent pour utiliser le modèle et lorsqu'ils entrent des informations personnelles dans leurs instructions. L'entreprise V ne met pas en place de garde-fous efficaces pour informer les utilisateurs de la manière dont leurs données sont utilisées pour entraîner le modèle. Elle omet également de prévenir la fuite de données dans les résultats générés par le modèle.

L'entreprise V cause des impacts négatifs sur les droits au respect de la vie privée.

Contribuer à l'impact

L'entreprise X a développé et exploite un système de surveillance fondé sur l'IA, qui est conçu pour surveiller et analyser la productivité des travailleurs, notamment en collectant et en analysant des données provenant de caméras, de courriers électroniques, de programmes utilisés sur les ordinateurs portables de l'entreprise et d'outils communication interne des employés. Le système de surveillance doté de l'IA est capable d'émettre une alerte lorsque les travailleurs manifestent certains types de comportements, tels que des propos négatifs fréquents à l'égard de l'entreprise, de la fatigue, de l'agressivité envers des collègues, une utilisation abusive des données de l'entreprise, etc. L'entreprise X vend ce système de surveillance doté de l'IA à d'autres entreprises. L'entreprise A achète le système d'IA à l'entreprise X et l'utilise pour surveiller les travailleurs dans son entrepôt de distribution. Selon certaines sources, l'entreprise A aurait été sanctionnée en raison de ses actions antisyndicalistes illégales et pour avoir surveillé les travailleurs sans leur consentement éclairé. Les informations collectées et l'analyse des sentiments des employés par le système d'IA sont utilisées par la suite à l'appui des décisions de résiliation des contrats des salariés soupçonnés de se syndiquer.

Dans ce scénario, l'entreprise X contribue aux impacts négatifs, car elle a facilité considérablement la production de ces impacts par l'entreprise A en concevant un système d'IA dont l'usage prévu est susceptible de causer des effets négatifs et en omettant de prévoir des garde-fous suffisants lors de la conception du produit. Par ailleurs, elle a fourni ce système à un client dont les antécédents augmentaient la probabilité que ces impacts négatifs se produisent.

Dans un autre scénario mettant en jeu le même système d'IA, un établissement universitaire se voit accorder l'accès au système d'IA pour l'utiliser dans le cadre d'une étude sur la productivité des travailleurs. L'établissement en question l'utilise toutefois également pour surveiller le comportement de ses propres employés sans leur consentement éclairé. Dans ce scénario, l'utilisation prévue du système d'IA telle qu'annoncée par l'établissement universitaire n'était pas susceptible de causer des impacts négatifs et le client n'était pas vraisemblablement à haut risque. De ce fait, l'entreprise X n'a pas facilité de manière substantielle les impacts négatifs.

Lien direct avec l'impact

L'entreprise Y est en cours de développement d'un système d'IA destiné à détecter une forme de cancer de la peau. Le système est entraîné à partir d'un ensemble de données contenant des images de personnes atteintes de ce cancer. Cet ensemble de données a été acheté auprès d'un prestataire, l'entreprise B, qui élabore ses ensembles de données en confiant à ses salariés l'examen et l'étiquetage de milliers d'images, y compris des images graphiques. Un grand nombre de salariés ont signalé que ce travail avait des impacts négatifs sur leur santé mentale. L'entreprise B est située dans une juridiction qui accorde peu de protection aux travailleurs. Elle n'a mis en place aucun dispositif de dialogue avec ses travailleurs et ne leur apporte aucun service de soutien en matière de santé mentale.

Dans ce cas, l'entreprise Y ne cause pas les impacts subis par les travailleurs de l'entreprise B, pas plus qu'elle n'y contribue. L'entreprise Y est toutefois directement liée aux impacts négatifs causés par l'entreprise B, car elle entretient une relation d'affaires avec cette dernière.

Comme indiqué précédemment, la relation entre une entreprise et un risque n'est pas figée. Si l'entreprise Y continue d'acheter des services à l'entreprise B sans prendre de mesures pour atténuer le risque, son lien direct avec le risque pourrait évoluer dans le temps et se traduire par une contribution à l'impact.

Étape 2.4 – Classer par ordre de priorité les risques les plus significatifs (les plus saillants)

À partir des informations obtenues sur les impacts négatifs réels et potentiels, classer les risques les plus significatifs (les plus saillants) et les impacts négatifs par ordre de priorité en fonction de leur gravité et de leur probabilité. Ce classement par ordre de priorité sera pertinent dans l'éventualité où il s'avèrerait impossible de traiter tous les impacts négatifs réels ou potentiels immédiatement. Une fois que les impacts les plus significatifs seront identifiés et gérés, l'entreprise pourra s'attaquer aux impacts prévisibles moins importants.

Les risques d'impacts négatifs les plus élevés seront propres à l'entreprise. Il importe donc que les entreprises apportent la preuve qu'elles disposent d'un processus crédible de classement des risques par priorité.

Pour renforcer la confiance dans son approche du devoir de diligence, il peut être utile que l'entreprise consulte les parties prenantes concernées, notamment les travailleurs, leurs représentants et les syndicats pour savoir comment établir ses priorités et communique des informations sur la logique qu'elle aura décidé de suivre en la matière. Dans certains cas, les priorités établies par l'entreprise pourront aussi dépendre de ses obligations légales internes.

Tableau 2.3. Facteurs à prendre en compte pour classer les risques par ordre de priorité

Ampleur	Échelle	Caractère irrémédiable (ou irréversible)	Vraisemblance/probabilité/prévisibilité
Gravité de l'impact	Portée de l'impact	Mesure dans laquelle il est possible de remédier à l'impact (toute limite à la possibilité de replacer les personnes ou l'environnement affectés par l'impact négatif dans une situation équivalente à celle dans laquelle ils se trouvaient avant le dommage).	Estimation de la probabilité qu'un impact survienne
Exemples d'impacts ayant une ampleur significative Exemple : Un système d'IA est utilisé pour déterminer la durée des peines infligées dans des affaires pénales. Exemple : Un système d'IA est utilisé pour générer des images explicites d'une personne dans	*Exemples d'impacts à une échelle significative* Exemple : Des centres de données servant à alimenter des systèmes d'IA consomment des quantités excessives d'eau dans des régions où les bassins hydrographiques locaux	*Exemples d'impacts ayant un caractère irrémédiable* Exemple : Un agent conversationnel d'IA recommande à un utilisateur de s'automutiler ou de porter préjudice à autrui.	*Exemples d'Impacts vraisemblables, probables ou prévisibles* Exemple : Nombreux signalements indiquant que des systèmes d'IA dotés des mêmes fonctionnalités sont utilisés abusivement par des personnes malveillantes. Exemple : 20 % des utilisateurs d'un agent conversationnel d'IA déclarent

le but de la harceler sexuellement ou de la faire chanter. Exemple : Un système d'IA sert à collecter des informations sur les déplacements et habitudes quotidiennes d'un groupe cible, et à les surveiller, afin de faciliter des actions dirigées contre lui.	sont déjà menacés. Exemple : Des recommandations biaisées générées par un système d'IA utilisé dans les services d'aide sociale nationaux entraînent la suppression des aides financières accordées à des milliers de familles.		que ce dernier partage des contenus violents au cours de leurs échanges.

Étape 3 - Cesser, prévenir et atténuer les impacts négatifs

Tableau 2.4. Étape 3 : Feuille de route des dispositions connexes dans les cadres existants

Guide de l'ASEAN	Section C.2 : Déterminer le niveau d'intervention humaine dans le processus décisionnel enrichi par l'IA ; C.3. Gestion des opérations ; et Annexe A : 3 : Déterminer le niveau d'intervention humaine dans le processus décisionnel enrichi par l'IA ;
Guide de l'Australie pour l'adoption de l'IA (pratiques en matière de mise en œuvre)	Pratiques de mise en œuvre 1, 2, 3, 4, 5
Code de conduite du Canada	Mesures de sécurité 2 et 3 ; justice et équité ; transparence ; contrôle et suivi par des moyens humains ; validité et robustesse
HUDERIA du Conseil de l'Europe	Plan d'atténuation des impacts (PAI) et accès aux voies de recours
Loi sur l'IA de l'UE	Considérant 115, art. 9 (2a), art. 9 (2) (d), art. 9 (4)-(5), art. 50 (obligations de transparence), art. 55(1)(b)
Règlement DSA de l'UE	Art. 35 : atténuation des risques
Directive CSDDD de l'UE	Articles 10 et 11 : Prévenir et (lorsque la prévention n'est pas possible ou impossible dans l'immédiat) atténuer les incidences négatives potentielles ; mettre un terme aux incidences négatives réelles et réduire au minimum leur ampleur.
Code de conduite du processus d'Hiroshima	Principes 1, 2, 6, 7 et 11
IEEE 7000	10. Processus pour une conception éthique fondée sur les risques
ISO 31000 et ISO/IEC 23894	6.5 : Gestion des risques
ISO/IEC 42001	6.1.3 Gestion des risques liés à l'IA ; 8.3 Gestion des risques liés à l'IA ; Annexe A A.5 et sous-contrôles A.5.2–A.5.5 pour la gestion des risques ; A.7 (Données pour les systèmes d'IA) et sous-contrôles A.7.2–A.7.6 pour couvrir la qualité et la gestion des données
Lignes directrices du Japon sur l'IA à l'intention des entreprises	Partie 2C Principes directeurs communs, parties 3, 4, 5 ; Annexes 3, 4 et 5
Loi fondamentale de la Corée sur l'IA	Articles 31, 32 et 34
Cadre d'expérimentation AI Verify de Singapour	Sûreté 4.1.1 – 4.6.1 Sécurité 5.1.1 – 5.7.1 Robustesse 6.1.1 – 6.5.3
Principes directeurs des Nations Unies	Principe opérationnel 19
Cadre de garanties en matière d'IA établi par le ministère de la Science, de la Technologie et de l'Innovation du Royaume-Uni pour une IA sûre	4.2 : mécanismes de garanties en matière d'IA ; 5.2 : éventail des garanties en matière d'IA ; 5.3 : garantir les données, les modèles, les systèmes et la gouvernance dans la pratique ; 6.1 : mesures à prendre pour renforcer les garanties en matière d'IA
Cadre de gestion des risques liés à l'IA du National Istitute of Standards and Technology (NIST) des États-Unis	Cartographier 1, Gérer 1 à 4

Étape 3.1 – Traiter les risques causés par une entreprise ou auxquels elle contribue

Cesser les activités qui causent des impacts négatifs ou qui y contribuent en se fondant sur l'évaluation qu'a faite l'entreprise de son degré d'implication dans lesdits impacts.

Développer et mettre en œuvre des plans de prévention ou d'atténuation des impacts négatifs potentiels (à venir).

Encadré 2.6. Adapter la gestion des risques au contexte de l'entreprise

La nature et la portée de la diligence raisonnable peuvent dépendre de facteurs tels que le contexte dans lequel s'inscrivent les activités d'une entreprise et elles devraient être proportionnées aux ressources de l'entreprise concernée, à son implication dans les impacts négatifs et à leur gravité. Pour détecter et gérer les risques avec efficacité, les grandes entreprises qui développent leurs activités et qui offrent de nombreux produits et services peuvent avoir besoin de systèmes plus formels et complets que les petites entreprises qui gèrent une gamme de produits ou de services limitée.

Il existe des limites pratiques concernant le degré de réponse possible des entreprises aux risques et aux impacts. Les efforts d'atténuation des risques doivent être proportionnés et prendre en compte :

- le contexte des activités de l'entreprise (le rôle de l'entreprise dans la chaîne de valeur de l'IA, son influence et ses capacités techniques) ;
- la taille de l'entreprise ;
- la contribution aux impacts négatifs (causalité, contribution ou lien direct, voir l'Encadré 2.5) ;
- la gravité des impacts négatifs.

Chaque entreprise doit apporter sa contribution et la responsabilité d'une entreprise ne doit pas être transférée aux autres. De même, le devoir de diligence pour une conduite responsable des entreprises (CRE) n'est pas une norme visant la perfection, mais plutôt une amélioration. Les entreprises ne sont pas censées éliminer *immédiatement* tous les risques et impacts auxquels elles contribuent. Elles devraient au contraire chercher à améliorer progressivement leurs systèmes et processus afin d'éviter et de traiter les impacts négatifs potentiels de leurs activités.

Exemples concrets de mise en œuvre (pour toutes les entreprises de la chaîne de valeur de l'IA, groupes 1 à 3)

1. Confier aux hauts responsables concernés la responsabilité de faire cesser les activités qui ont des impacts négatifs ou qui y contribuent et de prévenir les activités susceptibles d'entraîner des impacts négatifs dans le futur ou d'y contribuer. En fonction du contexte du risque, le personnel concerné peut être issu de différentes unités de l'entreprise dotées des moyens nécessaires pour prendre les mesures qui s'imposent afin de remédier aux risques (comme les unités chargées de la recherche et du développement de produits, des achats, de la gestion de la relation client, des ventes ou du service juridique).
2. En cas d'activités complexes qu'il peut être difficile de stopper pour des raisons juridiques, contractuelles ou opérationnelles (prestation de services publics, contrats de longue durée, dépendance à l'égard d'une relation d'affaires), établir une feuille de route décrivant comment cesser les activités qui ont des impacts négatifs ou qui y contribuent. Les entreprises peuvent aussi avoir intérêt à expliquer publiquement la complexité de la situation et les efforts déployés pour cesser progressivement les activités dans le temps.

3. Consulter les parties prenantes concernées et susceptibles de l'être ainsi que leurs représentants pour élaborer des mesures appropriées et mettre en œuvre le plan d'action (voir le chapitre 1 Échange constructif avec les parties prenantes).
4. S'appuyer sur les conclusions de l'évaluation des risques pour mettre à jour et renforcer les systèmes de gestion afin d'améliorer la traçabilité des informations et de signaler les risques avant que des impacts négatifs ne se produisent.
5. Mettre à jour les politiques de l'entreprise en associant activement les parties prenantes afin de fournir des orientations indiquant comment éviter les impacts négatifs de leurs activités et y remédier à l'avenir, et veiller à ce qu'elles soient mises en œuvre.
6. Au moment de choisir la mesure d'atténuation à prendre, l'examiner à la lumière des autres risques susceptibles de se concrétiser et, le cas échéant, des avantages liés au déploiement ou à l'utilisation du système d'IA.

Encadré 2.7. Utiliser l'IA au service du devoir de diligence pour la CRE

Au-delà des chaînes de valeur, l'IA a le potentiel nécessaire pour soutenir la mise en œuvre des normes de diligence raisonnable pour la CRE. Elle permet notamment de :

- contribuer à analyser des volumes importants de données de fournisseurs afin de détecter les impacts négatifs potentiels sur des chaînes de valeur mondiales complexes qu'il serait difficile ou coûteux de surveiller manuellement ;
- analyser les actualités, les rapports et les réseaux sociaux afin d'attirer l'attention sur les nouveaux enjeux touchant les activités ou les relations d'affaires d'une entreprise. Cela permet également de fournir des informations ciblées sur le respect des obligations d'une juridiction à l'autre en aidant ainsi les EMN à faire face à l'évolution des cadres dans les différents pays ;
- contribuer à vérifier l'origine des produits et les conditions de production, améliorer la transparence et remédier avec plus d'efficacité aux problèmes recensés.

Exemples concrets de mise en œuvre (pour les entreprises du cycle de vie du système d'IA, groupe 2)

Les actions destinées à éviter et atténuer les risques qu'un système d'IA génère ou auxquels il contribue peuvent relever des quatre grandes catégories ci-après. Les actions appropriées dépendront toutefois du système d'IA concerné ainsi que de son cas d'utilisation et diverses autres mesures peuvent être envisagées :

- **Origine et utilisation responsables des données destinées à l'entraînement des modèles d'IA**, notamment lors de la phase de collecte et de traitement des données du cycle de vie du système d'IA (actions pour évaluer et améliorer la qualité des données et les performances du système d'IA, et prévention ou atténuation des risques liés à l'origine des données collectées ou annotées d'une manière causant des impacts négatifs).
- **Transparence et explicabilité**, notamment après le déploiement (actions pour tenir les parties prenantes informées du caractère fonctionnel, des capacités et des risques liés au système d'IA).
- **Sécurité, notamment physique, cybersécurité et robustesse** tout au long du cycle de vie du système d'IA (actions pour garantir la résilience du système d'IA face aux attaques et démontrer sa fiabilité, sa répétabilité, sa reproductibilité et sa prévisibilité).
- **Déploiement responsable,** y compris le fonctionnement et la surveillance responsables et, s'il y a lieu, l'abandon de la production (actions pour évaluer si le modèle peut être déployé de manière sûre et mise en place de garde-fous appropriés).

Sources d'approvisionnement responsable des données et formation

1. Examiner la qualité des données afin de détecter des problèmes tels que les erreurs d'étiquetage et la représentativité et d'y remédier.
2. Mettre en œuvre des stratégies protection de la vie privée et de gouvernance responsable des données pour la collecte de données et l'entraînement des systèmes d'IA, telles que le nettoyage des données, le traitement sur le terminal et l'apprentissage fédéré. Assurer le suivi des modèles entraînés préalablement qui sont utilisés pour le développement dans le cadre des activités de surveillance et de maintenance régulières des systèmes d'IA, notamment par des contrôles de la qualité des données.
3. Si l'entreprise n'est pas certaine de pouvoir entraîner un modèle de manière sûre, à l'échelle prévue initialement, elle peut envisager une montée en puissance progressive (c'est-à-dire entraîner un modèle plus petit ou moins puissant).
4. Appliquer des techniques de pointe en matière d'alignement et de sécurité telle que l'apprentissage par renforcement inverse (Centre for the Governance of AI, 2023[19]).
5. Prendre des mesures pour prévenir et atténuer les risques liés à la collecte et au traitement des données.
6. Les risques associés à la qualité et à l'origine des données peuvent être également liés aux services d'enrichissement de données.

Transparence, explicabilité et traçabilité

7. Chercher à favoriser la transparence, l'explicabilité et la traçabilité pour ce qui est de l'acquisition de données auprès de sous-traitants, des ensembles de données, des processus et des décisions appropriées prises au cours du développement du système, notamment en ce qui concerne la vérification par l'être humain des décisions importantes ainsi que les processus de recours (voir l'Encadré 2.8).

Encadré 2.8. Favoriser la transparence, l'explicabilité et la traçabilité tout au long du cycle de vie d'un système d'IA

Dans ce contexte, la **transparence** désigne la communication d'informations afin de garantir que les personnes sont informées de l'utilisation de l'IA dans une prévision, une recommandation, une décision ou une interaction (utilisation d'un agent conversationnel, par exemple). La transparence consiste également à permettre aux personnes de comprendre comment un système d'IA est développé, entraîné, géré et déployé dans le domaine d'application concerné de telle sorte que les utilisateurs et les consommateurs soient en mesure de faire des choix éclairés. En fonction du contexte et sauf obligation légale, la transparence ne doit pas nécessairement s'étendre à la divulgation de la source ou à d'autres codes ou ensemble de données propriétaires, dont la complexité excessive sur le plan technique pourrait nuire à la compréhension du résultat.

L'explicabilité consiste à permettre aux parties prenantes de comprendre comment est déterminé le résultat d'un système d'IA. Cela suppose de communiquer des informations aisément compréhensibles qui permettent aux personnes touchées par les impacts négatifs d'un système d'IA de contester les résultats, notamment, dans la mesure du possible, les facteurs et la logique qui les sous-tendent.

L'explicabilité peut être obtenue de différentes manières selon le contexte (signification des résultats, par exemple). En ce qui concerne certains types de systèmes d'IA, l'exigence d'explicabilité peut ainsi compromettre l'exactitude et la performance du système (en imposant de réduire les variables d'une solution à un ensemble suffisamment petit pour être compréhensible par l'être humain, ce qui est loin d'être optimal face à un problème complexe et d'envergure) ou bien le respect de la vie privée et la sécurité. Cela risque également d'accroître la complexité et les coûts et de désavantager de manière disproportionnée les PME exerçant dans le secteur de l'IA.

En conséquence, lorsque les acteurs de l'IA donnent des explications sur un résultat, ils peuvent envisager de présenter — en des termes clairs et simples et en fonction du contexte — les principaux critères motivant la décision, les facteurs déterminants, les données, la logique ou l'algorithme à l'origine d'un résultat particulier ou d'expliquer pourquoi des situations en apparence similaires ont abouti à un résultat différent. Cela devrait se faire en permettant aux personnes de comprendre et de contester le résultat, tout en respectant, le cas échéant, les obligations relatives à la protection des données à caractère personnel.

Du point de vue du développement, l'explicabilité est jugée essentielle pour tirer des enseignements des défaillances du système. Sans cela, il est impossible de tirer des enseignements utiles des erreurs. La capacité à comprendre les processus décisionnels ayant entraîné des défaillances est considérée comme essentielle pour améliorer les systèmes d'IA et instaurer la confiance.

Dans le domaine de l'IA, la **traçabilité** renvoie aux efforts déployés pour conserver un registre de la provenance des données, des processus, du code ainsi que des autres éléments nécessaires au développement d'un système d'IA. La traçabilité permet généralement de recueillir des informations très détaillées concernant un élément ou un composant d'un système d'IA, comme les données d'entrée ou le modèle. Elle est essentielle pour permettre l'audit d'un système. Dans un souci de transparence et de traçabilité, lorsque c'est pertinent et possible dans le cadre de leur activité, les entreprises pourraient documenter les informations suivantes tout au long du cycle de vie d'un système d'IA :

- informations relatives à l'utilisation et aux risques décrites à l'Étape 2.1 ;
- informations sur les sources, les processus de collecte et le traitement des données ;
- code complet, y compris les bibliothèques nécessaires ;
- informations sur la manière dont le code doit être exécuté afin de garantir la reproductibilité des résultats, notamment une documentation détaillée sur les paramètres et les exigences en termes de calcul ;
- informations sur l'utilisation qui est faite des résultats du modèle, indiquant si les résultats ou décisions sont générés par des systèmes d'IA (par exemple, divulgation d'images, de contenus audios ou de texte générés par l'IA) ;
- informations relatives à la stratégie de suivi, notamment les indicateurs de performance, les seuils, le comportement attendu du modèle et les mesures d'atténuation ; informations sur les défaillances, les limites et les biais du modèle, et indiquant si elles sont communiquées aux parties prenantes concernées et de quelle manière.

Les informations divulguées devraient être adaptées à leurs publics, ce qui peut nécessiter la création de plusieurs moyens de communication dont le niveau de détail varie (« étiquettes nutritionnelles » IA, fiches de données, cartes de modèle, cartes de système, rapports techniques, etc.).

Source : OCDE (2024[20]), AI, data governance and privacy: Synergies and areas of international co-operation, https://doi.org/10.1787/2476b1a4-en; ministère américain du Commerce. Administration nationale des télécommunications et de l'information (2024[21]), AI Accountability Policy Report, https://www.ntia.gov/sites/default/files/publications/ntia-ai-report-final.pdf ; Union européenne (2024[14]), Règlement (UE) 2024/1689 du Parlement européen et du Conseil du 13 juin 2024 établissant des règles harmonisées concernant l'intelligence artificielle, https://eur-lex.europa.eu/legal-content/EN/TXT/?uri=OJ:L_202401689.

8. Trouver les moyens permettant de générer et de fournir des interprétations et des explications sur les résultats d'un système d'IA en incluant, le cas échéant, les informations ci-après dans les explications du modèle :
    a. le type et la source des données d'entrée servant au modèle ;
    b. le processus de transformation des données à haut niveau ;
    c. les critères et la logique qui sous-tendent le processus décisionnel ;
    d. la communication d'informations sur l'utilisation de l'IA.
9. Les entreprises devraient mettre en place des mécanismes permettant de fournir des explications claires, accessibles et pertinentes sur les processus décisionnels automatisés, en particulier lorsque ces décisions peuvent avoir des conséquences majeures sur les personnes. Ces explications devraient inclure la logique, les principaux paramètres et les résultats potentiels du processus algorithmique, et être adaptées au niveau de compréhension de l'utilisateur moyen.
10. Développer et déployer des mécanismes fiables d'authentification et de détermination de la provenance lorsque cela est techniquement possible (voir l'Encadré 2.9).

Encadré 2.9. Mécanismes fiables d'authentification et de détermination de la provenance

La provenance renvoie généralement aux renseignements de base et dignes de confiance concernant l'origine d'un contenu numérique (image, vidéo, enregistrement audio, document). Elle peut inclure des renseignements sur l'identité de son créateur, précisant comment, quand et où il a été créé ou édité. Il est actuellement extrêmement difficile de détecter la provenance d'un contenu numérique à l'échelle de l'Internet et à sa vitesse, car les logiciels de manipulation sont de plus en plus sophistiqués ; les métadonnées peuvent aussi être manipulées facilement et ne constituent pas une preuve de l'origine d'un contenu. Des solutions techniques et de meilleures pratiques sont actuellement en cours de développement dans le cadre d'initiatives collaboratives entre l'industrie et plusieurs parties prenantes, notamment le guide du C2PA (Coalition for Content Provenance and Authenticity) pour les responsables de la mise en œuvre et le guide pour l'IA et l'apprentissage automatique, ainsi que les pratiques responsables en matière de médias synthétiques élaborées par le Partenariat sur l'IA (PAI).

De manière générale, les pratiques optimales actuelles sur cette question comportent trois éléments principaux :

- la transparence concernant les capacités, les fonctionnalités, les limites et les risques potentiels d'une technologie produisant des médias synthétiques ;
- l'intégration de méthodes d'information directes ou indirectes (étiquetage par filigrane d'un contenu) ;
- l'investissement dans la recherche et le développement de méthodes de détection et dans la durabilité de l'information cryptographique.

Source : OCDE (2022[13]), *OECD Framework for the Classification of AI systems*, https://doi.org/10.1787/cb6d9eca-en; Coalition for Content Provenance and Authenticity (C2PA) (s.d.[22]), Guiding Principles for C2PA Designs and Specifications, https://c2pa.org/principles/; Partnership on AI (s.d.[23]), Responsible Practices for Synthetic Media, https://syntheticmedia.partnershiponai.org/#read_the_framework.

11. Envisager de contribuer au progrès et à la normalisation de la science de la mesure de l'IA afin de comprendre pleinement les avantages et les risques à long terme des systèmes d'IA.
12. Réfléchir à l'élaboration d'un guide destiné aux parties prenantes externes, qui leur fournirait des ressources pour les aider à mieux comprendre les systèmes d'IA. Il pourrait se présenter sous la forme d'une documentation sur une IA responsable, offrant aux parties prenantes un référentiel unique d'informations sur les limites et les cas d'utilisation prévus, les décisions responsables en matière de conception de l'IA et les pratiques optimales pour le déploiement et l'optimisation des

performances. Un guide de ce type permettrait de régler les questions relatives aux Principes de l'OCDE en matière d'IA. Il s'agirait d'un document ayant vocation à évoluer régulièrement à mesure que les systèmes d'IA et les risques s'y rattachant sont mieux compris.

13. Faire en sorte que les informations divulguées soient suffisamment claires et compréhensibles pour permettre aux organismes qui les déploient et aux utilisateurs, s'il y a lieu et si c'est utile, d'interpréter le résultat d'un modèle/d'un système, de permettre aux utilisateurs de l'utiliser correctement et de faire en sorte que l'information communiquée soit étayée et éclairée par des processus de documentation solides.

Robustesse, sûreté et sécurité

1. Mettre au point des approches favorisant la robustesse, la sécurité et la sûreté tout au long du cycle de vie des systèmes d'IA, notamment par les moyens suivants :
   a. simulation d'une attaque par une équipe rouge (« red teaming ») aux différentes phases du cycle de vie d'un système d'IA, lorsque cela est proportionné aux risques ;
   b. surveillance du comportement des systèmes d'IA, notamment les mécanismes d'acquisition et d'évaluation des données des utilisateurs et des autres organisations concernées par l'IA, les procédures d'appel et de dérogation, d'arrêt, de réponse aux incidents, de reprise et de gestion du changement ;
   c. mise en place de mécanismes permettant de réagir rapidement à toutes les défaillances des systèmes d'IA, notamment des mécanismes pour remplacer, cesser d'utiliser ou désactiver des systèmes d'IA dont les performances ou les résultats ne sont pas conformes à l'utilisation prévue ;
   d. mise en place d'un solide programme de détection des menaces internes ;
   e. sécurisation des poids d'un modèle ;
   f. surveillance, tout au long du cycle de vie d'un système, des changements de performances par rapport aux indicateurs établis ;
   g. mise en place de garde-fous pour la cybersécurité ;
   h. suivi des résultats des systèmes d'IA pour éviter la dérive des données ou des modèles.

Déploiement responsable

1. Dialoguer avec les parties prenantes afin de connaître, avant le déploiement, leurs exigences par rapport au système et leurs décisions concernant la conception (par exemple, « le système doit respecter la vie privée de ses utilisateurs ») (voir l'Encadré 2.10).

Encadré 2.10. Plan d'intervention préalable au déploiement

Un plan d'intervention clair et transparent est essentiel pour prévenir les risques lors du déploiement d'un système d'IA. Ce plan pourrait préciser clairement les aspects suivants :

- Les scénarios de risques qui justifient des corrections lors du déploiement, tels qu'élaborés dans le cadre du processus de modélisation des menaces et les événements déclenchants afin de repérer les écarts par rapport au comportement attendu.
- La composition de l'équipe d'intervention, comprenant des représentants des technologies de l'information (TI), de la cybersécurité, du développement de l'IA, des questions juridiques, de la communication, des unités fonctionnelles concernées ainsi que des experts externes dans ce domaine. Compte tenu de la diversité des scénarios de risque potentiels, la réponse aux

incidents peut nécessiter une expertise dépassant les seules capacités des développeurs d'IA et exiger les contributions de plusieurs parties prenantes.

- Les fonctions et responsabilités des différentes équipes et personnes concernées par le processus de réponse aux incidents. Pour intervenir rapidement, chaque membre de l'équipe doit connaître ses responsabilités et les décisions qui relèvent de sa compétence.
- La mesure dans laquelle les décisions sont automatisées ou laissées aux opérateurs humains.
- La mesure dans laquelle l'autorité est partagée.
- La mesure dans laquelle les protocoles de correction du déploiement sont contraignants.

Pour de plus amples informations, voir Institute for AI Policy and Strategy (2023[24]) ; ISO (2023[25]).

2. Envisager des mesures de déploiement progressif des systèmes d'IA à mesure qu'apparaissent des éléments probants sur les risques. Les travaux de recherche ont mis en évidence un « système de gradient d'accès » dans le déploiement de modèles d'IA générative, allant d'un accès entièrement fermé et d'une mise à disposition progressive à une extrémité du gradient, jusqu'à un accès téléchargeable et totalement ouvert à l'autre extrémité (Solaiman, 2023[26]). Chaque niveau d'accès comporte des risques et des arbitrages à prendre en considération lorsqu'on examine comment prévenir et atténuer les risques liés à un système d'IA (voir l'Encadré 2.11).

Encadré 2.11. Prévenir ou atténuer les risques lors du déploiement de systèmes d'IA

Les travaux de recherche ont mis en lumière des outils techniques particuliers dans lesquels les entreprises peuvent investir ainsi que des mesures non techniques qu'elles peuvent prendre pour contrer les risques liés au déploiement de systèmes d'IA générative. L'utilité de ces dispositifs variera selon les systèmes et les scénarios de déploiement ; ils sont donc présentés pour servir de modèles potentiels à envisager par les entreprises.

Les outils techniques sont notamment les suivants :

- Limitation du débit – Restreindre le nombre de résultats qu'un utilisateur peut générer.
- Filtres de sécurité et de contenu – Filtres mis au point afin de déclencher une réponse vierge lorsque les données entrées ne sont pas sûres.
- Modèles de détection – Détection technique et humaine d'un contenu généré par l'IA.
- Réponses codées en dur – Obtention de résultats sûrs déterminés au préalable pour une entrée donnée, pouvant être codés en dur dans l'interface du modèle.

Parmi les mesures non techniques figurent les suivantes :

- Politiques internes de gestion des risques et codes de conduite (voir l'Étape 1).
- Mise en place de garde-fous juridiques via des licences permettant au titulaire de la licence d'engager des actions en cas de non-respect des conditions d'utilisation. Cette solution est possible dans le cas de types de systèmes d'IA plus restreints, mais peut se révéler difficile pour des systèmes entièrement téléchargeables ou ouverts.
- Investissements dans des formations aux droits humains et aux droits du travail destinées aux non-spécialistes participant à la conception et au déploiement de systèmes d'IA.
- Investissements dans des exercices de prévision des risques.

Source : OCDE (2023[17]), *OECD Advancing accountability in AI: Governing and managing risks throughout the lifecycle for trustworthy AI*, https://doi.org/10.1787/2448f04b-en

3. Envisager de suivre et de contrôler l'utilisation d'un modèle ou d'un système (par exemple, en recueillant des informations sur la connaissance de la clientèle et en restreignant l'accès au système ou à certaines de ses capacités). Cela peut prendre la forme d'une approche en cascade fondée sur les risques (voir (BSR, 2022[27]).
4. Mettre au point des évaluations appropriées et des mesures de surveillance en interne, et soutenir les équipes de recherche extérieures dotées des ressources et des compétences nécessaires pour contribuer à l'évaluation après le déploiement.
5. Établir et intégrer des processus de retour d'information permettant aux utilisateurs finaux et aux parties prenantes concernées de signaler des problèmes et de contester les résultats du système.
6. Mettre à jour et ajuster précisément le système d'IA après son déploiement, sur la base du suivi permanent et des évaluations post-déploiement. Les méthodes d'ajustement comprennent l'apprentissage par renforcement à partir des retours des personnes ou les ajustements des ensembles de données.
7. Lorsque des impacts négatifs significatifs sont imminents ou que des dommages graves surviennent réellement, il est essentiel de cesser le développement et le déploiement des systèmes d'IA de manière responsable jusqu'à ce que les risques puissent être suffisamment maîtrisés.
8. Évaluer si les exigences légales imposées au développement et à l'utilisation de l'IA peuvent causer des impacts (voir l'Encadré 2.12).

Encadré 2.12. Déploiement dans des contextes où la législation n'est pas compatible avec les normes internationales en matière de CRE

Dans les contextes où les règles juridiques internes peuvent être en conflit avec les normes internationales en matière de conduite responsable des entreprises (CRE), les entreprises devraient faire connaître clairement et à grande échelle leur engagement à respecter les droits humains reconnus au niveau international.

À titre de mesure préventive, cet engagement peut être communiqué clairement et négocié explicitement en amont, avant le déploiement. En cas d'évolution du contexte juridique, encourager les pouvoirs publics à respecter leurs obligations en matière de droits humains, en particulier lorsqu'il existe des liens directs avec les activités de l'entreprise. Éviter de contribuer à l'incrimination injuste des défenseurs des droits humains ou à l'utilisation des systèmes d'IA pour réprimer des manifestations pacifiques. Veiller à ne pas prendre part à des situations où les droits humains ne sont pas respectés ou bien s'en extraire.

9. Parmi les exemples de mesures pouvant être prises par les entreprises pour atténuer les risques d'utilisation abusive des systèmes d'IA figurent les suivantes :
   a. Restrictions fondées sur l'utilisateur (envisager de renoncer à travailler avec certains utilisateurs ou groupes lorsque le risque d'abus est élevé).
   b. Limites de la fréquence d'accès – (limiter le nombre de résultats qu'un système peut produire par heure).
   c. Restrictions des capacités ou des fonctions (filtrer les résultats ou réduire la fenêtre contextuelle du système, par exemple).
   d. Restrictions des cas d'utilisation – (interdire des applications précises du système dans certains contextes).
   e. Suspension temporaire ou permanente du fonctionnement d'un système d'IA (voir l'Encadré 2.13).

Encadré 2.13. Suspension temporaire ou permanente du fonctionnement d'un système d'IA

Les protocoles de suspension peuvent prévoir un processus autorisant le redéploiement ou d'autres plans de reprise possibles. Il est important que ce processus de reprise fasse l'objet de tests approfondis et d'une validation, en y associant de préférence les parties prenantes. Les critères de redéploiement d'un modèle manifestement capable de produire des impacts négatifs devraient être très élevés. Lorsque des corrections ne sont pas possibles ni suffisamment solides, des plans de rechange doivent être envisagés (suppression du modèle et/ou coordination avec d'autres acteurs publics ou privés pour gérer des réponses à l'échelle du secteur). Dans certains cas extrêmes, une reprise peut être impossible.

Source : OCDE (2025[28]), *Towards a common reporting framework for AI incidents*, https://doi.org/10.1787/f326d4ac-en.

10. Prendre des mesures pour s'assurer que les relations d'affaires qui déploient les systèmes d'IA de l'entreprise coopèrent aussi réellement avec les parties prenantes avant le déploiement, en particulier sur le lieu de travail. Voir l'Étape 3.2 – Gérer les risques directement liés à l'entreprise tout au long de la chaîne de valeur de l'IA.

Exemples concrets de mise en œuvre (pour les utilisateurs de systèmes d'IA, groupe 3)

1. Dans le contexte de l'utilisation de systèmes d'IA pour la prise de décisions opérationnelles, l'entreprise peut être amenée à échanger avec les travailleurs, leurs représentants et les organisations syndicales afin d'atténuer les risques. Les échanges avec les travailleurs peuvent prévoir :
    a. la divulgation d'informations sur le système d'IA, notamment sur sa conception et l'utilisation prévue ;
    b. la mise en place de mécanismes de gouvernance permettant aux travailleurs d'avoir un accès aux données les concernant et des droits sur la collecte et l'analyse de ces données ;
    c. l'établissement ou le maintien de mécanismes de réclamation pour les travailleurs touchés par l'IA ;
    d. le développement des programmes d'acquisition de connaissances en matière d'IA et de recyclage.
2. Lorsqu'elles utilisent des systèmes d'IA dans des produits et services, les entreprises pourraient réaliser des tests indépendants si cela est techniquement possible (simulation d'attaque par une équipe rouge ou autres types de tests) afin de vérifier la qualité des résultats et de déterminer les vulnérabilités. Les entreprises devraient également envisager d'informer le public lorsque les résultats sont générés ou influencés par des systèmes d'IA, et indiquer dans quelle mesure ils le sont (voir l'Encadré 2.8).

Étape 3.2 – Gérer les risques directement liés à l'entreprise tout au long de la chaîne de valeur de l'IA

En se basant sur les priorités établies en termes de risques, développer et mettre en œuvre des plans pour prévenir ou atténuer les impacts négatifs réels ou potentiels directement liés à l'entreprise au travers de ses relations d'affaires (suspension temporaire de la relation, maintien de la relation tout en s'efforçant d'atténuer les risques ou rupture, par exemple).

Tout au long du développement et de l'utilisation de l'IA, les entreprises peuvent être directement liées à des impacts négatifs causés par : (1) d'autres acteurs de l'IA présents dans le cycle de vie du système ; ou (2) des relations d'affaires extérieures au cycle de vie du système d'IA, telles que des fournisseurs de données d'IA ou des utilisateurs du système d'IA.

Pour apporter une réponse appropriée aux risques liés à ses relations d'affaires, une entreprise peut notamment :

- **maintenir la relation d'affaires** tout en s'efforçant d'atténuer les risques ;
- **suspendre temporairement la relation d'affaires** tout en poursuivant les efforts engagés pour atténuer les risques ;
- **rompre la relation d'affaires**, soit après que les tentatives d'atténuation des risques ont échoué, soit parce que l'entreprise estime qu'aucune atténuation n'est possible, soit à cause de la gravité de l'impact négatif. Toute décision de rupture et tout plan en résultant devraient prendre en compte l'impact social, environnemental et économique potentiellement négatif et s'accompagner d'une consultation constructive avec les parties prenantes. Ces plans d'action devraient détailler les mesures que l'organisation doit prendre ainsi que ses attentes à l'égard des fournisseurs, des acheteurs et de ses autres relations d'affaires Encadré 2.15). Les mesures de rupture devraient être conformes aux lois en vigueur, notamment au droit de la concurrence.

Exemples concrets de mise en œuvre (pour toutes les entreprises de la chaîne de valeur de l'IA, groupes 1 à 3)

1. Confier la responsabilité du développement, de la mise en œuvre et du suivi des plans de prévention ou d'atténuation des impacts négatifs potentiels ou réels directement liés à l'entreprise au travers de ses relations d'affaires ;
2. Aider les relations d'affaires concernées, ou collaborer avec elles, afin de développer des plans adaptés de prévention et d'atténuation de leurs impacts négatifs (parfois appelés « plans d'action correctifs ») reposant sur un calendrier précis et raisonnable ainsi que sur des indicateurs qualitatifs et quantitatifs permettant de définir et de mesurer les améliorations obtenues.
3. Dans la mesure du possible et conformément au droit de la concurrence, user de son influence sur la ou les relations d'affaires de l'entreprise pour les pousser à prévenir ou à atténuer leurs risques ou impacts négatifs. Une fois qu'un produit ou un service a été vendu ou revendu, examiner comment user de son influence en restreignant la prestation des services essentiels au fonctionnement des systèmes d'IA (service d'assistance à la clientèle, mises à jour, serveurs d'exécution, etc.). L'exercice d'un pouvoir d'influence peut prendre les formes suivantes :
   a. échanger avec les relations d'affaires pour les exhorter à prévenir et/ou atténuer leurs impacts en communiquant directement avec le personnel responsable de gérer les risques au niveau opérationnel, de la haute direction et/ou du conseil d'administration afin qu'ils expriment leurs points de vue sur les questions de CRE ;
   b. mentionner les attentes relatives à la CRE et la diligence raisonnable, en particulier dans les contrats commerciaux ;
   c. lier les incitations commerciales, telles que des engagements pour des contrats à long terme et des commandes futures, aux performances réalisées en matière de CRE ;
   d. échanger avec les autorités de réglementation et les décideurs sur les enjeux de CRE afin qu'ils fassent modifier les pratiques néfastes de l'entité responsable du dommage ;
   e. communiquer — publiquement ou en privé — sur le fait que l'entreprise à la possibilité de rompre une relation qui ne respecte pas ses attentes en matière de CRE.

4. Si l'entreprise n'a pas suffisamment d'influence pour encourager une relation d'affaires à prévenir ou à atténuer un impact négatif, elle devrait envisager des moyens d'accroître cette influence, dans le respect du droit de la concurrence, y compris, le cas échéant, par la mobilisation de la haute direction ainsi que par la mise en place de mesures de soutien ou d'incitations.
5. Dans la mesure du possible et conformément au droit de la concurrence, coopérer avec d'autres entreprises ou parties prenantes pour renforcer son influence et user de celle-ci afin d'encourager la prévention et l'atténuation des impacts négatifs, notamment par des approches collaboratives via des associations sectorielles ou en échangeant avec les autorités.
6. Pour prévenir d'éventuels impacts négatifs (à venir) et traiter les impacts réels, s'efforcer d'accroître la capacité d'influence de l'entreprise sur ses relations d'affaires existantes et nouvelles (par l'adoption de politiques ou de codes de conduite et la signature de contrats ou d'accords écrits) (voir l'Encadré 2.14).

Encadré 2.14. Considérations particulières relatives aux entreprises échangeant avec des « points de contrôle »

Dans le cadre du devoir de diligence pour la CRE, les points de contrôle désignent des points clés de visibilité, d'influence ou de transformation dans le développement ou le commerce d'un produit. À supposer que cela soit conforme à l'approche fondée sur les risques et à la réglementation interne, notamment au droit de la concurrence, le fait de faire porter le devoir de diligence sur les points de contrôle permet d'accroître l'efficience des efforts de diligence.

De manière générale, les points de contrôle se caractérisent par (1) un nombre relativement limité d'acteurs dans la chaîne de valeur qui entretiennent des relations d'affaires directes ou indirectes avec un grand nombre d'autres entreprises ; et (2) le fait qu'ils fassent l'objet (ou le feront sous peu) de réglementations et d'audits. Dans le contexte du développement et de l'utilisation des systèmes d'IA, certaines grandes entreprises peuvent présenter plusieurs caractéristiques des « points de contrôle » (fabricants de semi-conducteurs, modèles de fondation et très grandes plateformes en ligne, par exemple).

Soumettre les entreprises aux points de contrôle au devoir de diligence pour déterminer si elles mettent elles-mêmes en œuvre leur devoir de diligence permet de s'assurer, dans une certaine mesure, qu'elles ont identifié, prévenu et atténué les risques sans avoir à mener un processus de diligence détaillé auprès de chaque autre entreprise concernée. Par ailleurs, les points de contrôle étant en général déjà soumis à des audits, à des obligations d'information du public ou à une certaine forme de contrôle réglementaire, le fait de faire porter le devoir de diligence sur ces points permettrait d'éviter la duplication des efforts*.

Pour identifier les entreprises aux points de contrôle et échanger avec elles, l'entreprise peut inclure à ses contrats avec ses fournisseurs et relations d'affaires des clauses stipulant que ces derniers doivent identifier les points de contrôle et respecter les exigences de diligence raisonnable ; en recourant à des systèmes d'échanges d'informations confidentielles sur ses fournisseurs et/ou des programmes sectoriels.

Note : * Citons, par exemple, les règlements de l'UE sur la gestion des risques, notamment le Règlement sur les services numériques, la Directive sur le devoir de vigilance en matière de durabilité et la Loi sur l'intelligence artificielle.

7. Inclure des clauses et des exigences relatives aux enjeux CRE dans les contrats et/ou autres formes d'accords écrits que noue l'entreprise avec ses fournisseurs et ses partenaires commerciaux (élaboration de « guides pour une utilisation responsable » ou de « politiques d'utilisation acceptable » destinés aux utilisateurs).

8. Encourager les relations d'affaires qui causent des impacts négatifs ou y contribuent à échanger avec les parties prenantes touchées ou susceptibles de l'être ou leurs représentants, lors de l'élaboration et de la mise en œuvre des plans d'action correctifs.
9. Aider les relations d'affaires concernées à prévenir et à atténuer leurs risques ou impacts négatifs (par exemple en organisant des formations, en renforçant leurs systèmes de gestion, dans l'optique d'une amélioration continue fondée sur des objectifs mesurables assortis de délais).
10. Encourager les autorités compétentes du pays où les impacts négatifs ont lieu à agir (en organisant, par exemple, des inspections et en intervenant pour faire appliquer les lois et réglementations en vigueur).
11. Dialoguer avec les autres entreprises et parties prenantes pour faire cesser les impacts négatifs et/ou éliminer tout risque qu'il se produise ou empêcher qu'il se reproduise (par exemple en prenant part à des initiatives sectorielles et en échangeant avec les autorités).
12. Lorsque les informations relatives au devoir de diligence d'une relation d'affaires ne sont pas rendues accessibles au public, s'efforcer de nouer le dialogue avec cette relation d'affaires afin de renforcer la transparence ou de démontrer le respect du devoir de diligence dans le cadre d'accords confidentiels bilatéraux ou multilatéraux (divulgation à des secteurs de confiance, initiatives multipartites ou accords de non-divulgation).
13. En dernier recours, envisager de rompre la relation d'affaires (voir l'Encadré 2.15).

Encadré 2.15. Comprendre la rupture de la relation d'affaires dans le contexte des risques

Les dynamiques animant les relations d'affaires dans le cadre du développement et de l'utilisation de système d'IA évoluent sans cesse et des recherches et consultations supplémentaires sont nécessaires pour comprendre pleinement les conséquences de la rupture d'une relation d'affaires dans ce contexte. Dans certains cas, la rupture n'est pas possible. L'IA est de plus en plus intégrée dans les outils personnels et professionnels et elle devient un rouage essentiel de l'activité économique dans de nombreux secteurs. Par ailleurs, à certaines étapes du développement des systèmes d'IA, seules quelques entreprises — telles que les développeurs d'IA à usage général ou les fabricants de semi-conducteurs — constituent des sources d'approvisionnement essentielles, ce qui rend toute rupture difficile, voire impossible.

De manière générale, selon les Principes directeurs à l'intention des EMN, la rupture de la relation d'affaires peut être envisagée en dernier recours, soit après que les efforts d'atténuation des risques ont échoué, soit parce que l'entreprise estime qu'aucune atténuation n'est possible, soit à cause de la gravité de l'impact négatif. Lorsque les entreprises sont en mesure de poursuivre la relation et apportent la preuve d'une amélioration réelle ou crédible sur la durée, cette approche sera souvent préférable à une rupture de la relation.

Parmi les facteurs qui entreront en ligne de compte pour déterminer l'action appropriée à engager dans ces situations figurent l'influence exercée par l'entreprise sur l'entité concernée et la gravité de l'impact. L'importance de cette relation pour l'entreprise ainsi que ses impacts négatifs sur le plan social, environnemental et économique d'une décision de rupture font également partie des facteurs à prendre en considération.

Lorsqu'une rupture n'est pas possible, il est recommandé à l'entreprise de signaler la situation en interne, de surveiller la relation d'affaires en continu, par exemple en maintenant à jour une base de données, et de reconsidérer sa décision de maintenir la relation d'affaires dès que la situation aura changé ou une fois qu'elle aura mis en place une stratégie à long terme de traitement systématique de ces impacts négatifs.

L'entreprise peut aussi avoir intérêt à expliquer pourquoi elle a décidé de ne pas rompre la relation d'affaires, en quoi cette décision est conforme à ses politiques et priorités, quelles mesures ont été prises pour tenter d'user de son influence sur la relation d'affaires afin d'atténuer les impacts négatifs et comment elle compte surveiller la relation d'affaires à l'avenir.

Encadré 2.16. Exemples concrets de diligence raisonnable à l'égard des investisseurs et des institutions financières investissant dans le développement de systèmes d'IA

Les investisseurs et les institutions financières jouent un rôle clé dans le développement des systèmes d'IA et les entreprises d'IA attirent des financements importants. Ainsi, le montant annuel du capital-risque investi dans l'IA à l'échelle mondiale a progressé considérablement, passant de 6.4 milliards USD en 2012 à 147 milliards en 2024, soit 56 % de la valeur de l'ensemble des investissements en capital-risque au T3 2025 (OCDE, s.d.[29]). Certains investisseurs, en particulier à leurs débuts, sont ainsi souvent en position d'user de leur influence, puisqu'ils aident les entreprises bénéficiaires à définir et façonner les contours d'un projet*. Un autre domaine dans lequel les investisseurs et les institutions financières disposent d'un fort pouvoir d'influence concerne les orientations qu'ils fournissent aux entreprises bénéficiaires et aux clients qui investissent eux-mêmes dans des systèmes d'IA. Les investisseurs et les institutions financières jouent un rôle clé en incitant les entreprises bénéficiaires à détecter les impacts négatifs potentiels ou avérés et à les combattre Les exemples concrets de mise en œuvre sont notamment les suivants :

- Intégrer les risques d'impacts négatifs dans les évaluations des risques de portefeuilles ou dans les analyses des investissements.
- Échanger avec les parties prenantes pour favoriser la détection des risques liés aux entreprises bénéficiaires.
- Engager des dialogues bilatéraux avec les entreprises bénéficiaires afin d'aborder les préoccupations mises en évidence par l'évaluation des risques (y compris celles résultant des échanges avec les parties prenantes), de mieux connaître les pratiques de l'entreprise bénéficiaire en matière de diligence raisonnable et de demander à la société bénéficiaire des informations ou actions supplémentaires.
- Demander aux entreprises bénéficiaires de fournir des arguments clairs et concis à l'appui de l'adoption des systèmes d'IA.
- Participer à des efforts de coordination entre pairs afin d'établir une approche plus solide et unifiée à l'égard des investisseurs en matière d'IA responsable.
- Mettre en place ou participer à des initiatives visant à favoriser ou à développer les bonnes pratiques et l'amélioration des normes du marché en matière d'IA responsable.
- Signer des engagements publics avec des investisseurs partageant la même vision pour répondre aux préoccupations en matière de CRE.
- Le cas échéant, déposer des résolutions d'actionnaires portant sur les risques d'impacts négatifs.
- Lorsque les autres méthodes visant à améliorer les efforts de diligence raisonnable auprès des entreprises bénéficiaires n'aboutissent pas, envisager de voter contre des membres du conseil d'administration ou de se séparer de sa participation, si cela est compatible avec les mandats.
- Annoncer publiquement que l'on se sépare d'une entreprise ou qu'on l'exclut d'un portefeuille d'investissement en raison de son incapacité à exercer son devoir de diligence.

Note* : Depuis 2022, des investisseurs réunis sous la bannière « Collective Impact Coalition for Ethical AI » mènent des actions de sensibilisation auprès de 44 des 150 entreprises évaluées par le système de référence de l'inclusion numérique de 2021 mis au point par la World Benchmarking Alliance, en ciblant celles qui n'avaient pas publié un ensemble de principes directeurs sur le développement et l'utilisation de l'IA. Ces démarches ont permis à 14 entreprises supplémentaires d'annoncer leurs principes en matière d'IA dans le système de référence de l'inclusion numérique 2023, portant ainsi le nombre total d'entreprises ayant publié leurs principes à 47 sur 150 (31 %) (World Benchmarking Alliance, 2023[30]).
Source : Le Centre de l'OCDE pour la conduite responsable des entreprises (RBC) s'est employé à mettre en œuvre la diligence raisonnable en matière de CRE à l'égard de différentes acteurs et transactions financières, en élaborant des orientations adaptées aux besoins des investisseurs institutionnels, en prévoyant des prêts aux entreprises et des souscriptions de titres ainsi que des opérations de financement de projets et d'actifs (OCDE, 2022[31]).

Étape 4 - Suivi de la mise en œuvre du devoir de diligence et ses résultats

Assurer le suivi de la mise en œuvre et de l'efficacité des activités de diligence raisonnable menées par l'entreprise, c'est-à-dire des mesures qu'elle prend pour recenser, prévenir et atténuer ses effets négatifs et, le cas échéant, y remédier.

Tableau 2.5. Étape 4 : Feuille de route des dispositions connexes dans les cadres existants

Guide de l'ASEAN	Section C.3 et annexe A:3
Guide de l'Australie pour l'adoption de l'IA (pratiques relatives à la mise en œuvre)	Pratiques de mise en œuvre 1, 2, 3, 4, 5.
Code de conduite du Canada	Surveillance humaine et Suivi
HUDERIA du Conseil de l'Europe	Exigences itératives
Loi européenne sur l'IA	Considérant 114, art. 9(5)-(8) : Essais, Art. 55(1)(c) : notification des incidents relatifs aux modèles d'IA à usage général, art. 60 : Essais de systèmes d'IA à haut risque en conditions réelles en dehors des bacs à sable réglementaires de l'IA, Art. 72 : Surveillance après commercialisation
DSA de l'UE	Article 37 : Audit indépendant
Directive CSDDD de l'UE	Art. 14 : Mettre en place et conserver un mécanisme de notification et une procédure relative aux plaintes ; art. 15 : Assurer le suivi de l'efficacité des politiques et mesures prises en matière de diligence raisonnable.
	Principe 4
ISO 31000 et ISO/IEC 23894	6.6 : Suivi et examen
ISO/IEC 42001	8.1 : Planification et contrôle des opérations ; 9 : Évaluation des performances ; 10 : Amélioration ; Annexes A.6.2.6 et A.6.2.8 (suivi et enregistrement) ; Annexe A.8.4 (notification des incidents)
Loi fondamentale de la Corée sur l'IA	Articles 32 et 34
Cadre d'évaluation AI Verify de Singapour	Sûreté 4.1.1 – 4.6.1 ; Sécurité 5.1.1 – 5.7.1 ; Robustesse 6.1.1 – 6.5.3
Principes directeurs des Nations Unies - UNGP	Principe opérationnel 20
Cadre de garanties en matière d'IA établi par le ministère de la Science, de la Technologie et de l'Innovation (DSIT) du Royaume-Uni	5.7 : Audit de conformité ; 6.1.3 : Examen de la gouvernance interne et de la gestion des risques
Cadre de gestion des risques liés à l'IA du National Institute of Standards and Technology (NIST) des États-Unis	Indicateur 1, 4

Exemples concrets de mise en œuvre (pour toutes les entreprises de la chaîne de valeur de l'IA, groupes 1 à 3)

1. Identifier les risques ou impacts négatifs que l'entreprise a pu omettre de prendre en compte par le passé dans le cadre des processus de devoir de diligence, et les y inclure à l'avenir.
2. Évaluer s'il existe des risques non détectés auparavant ou si des risques déjà évalués ne sont désormais plus acceptables.
3. Évaluer l'efficacité des efforts de coopération des parties prenantes (en examinant, par exemple, si cette coopération est rapide, accessible, appropriée et sûre pour les parties prenantes).
4. Prendre en compte les leçons tirées des expériences passées dans le cadre du processus de diligence de l'entreprise afin d'en améliorer le fonctionnement et les résultats à l'avenir.
5. Surveiller et suivre les performances des systèmes d'IA ou les critères quantitatifs ou qualitatifs relatifs aux garanties de qualité pour obtenir des conditions similaires aux paramètres de déploiement, en veillant, par exemple, à :
    a. Documenter les jeux de tests, les indicateurs et les détails relatifs aux outils utilisés lors des activités de test et d'évaluation ainsi que de vérification et de validation (TEVV).
    b. Recenser et documenter les améliorations ou dégradations mesurables des performances, en s'appuyant sur les consultations avec les acteurs et les autres parties prenantes de l'IA, notamment les groupes de population touchés ainsi que sur les données recueillies sur le terrain concernant les risques en rapport avec le contexte et les critères de fiabilité.
    c. Documenter et partager les informations relatives aux incidents avec les parties prenantes, notamment les groupes de population touchés, les pouvoirs publics, les travailleurs, leurs représentants et syndicats, la société civile et le milieu universitaire. Cette démarche devrait avoir pour objectif de faire progresser la sûreté, la sécurité et la fiabilité des systèmes d'IA de pointe.
    d. Documenter et partager les résultats de suivi relatifs à la fiabilité du système d'IA dans le ou les contextes de déploiement et tout au long de son cycle de vie avec des experts de la question ainsi qu'avec les acteurs et parties prenantes concernés, afin de valider que le fonctionnement du système est conforme à l'usage prévu.
6. Surveiller la mise en œuvre et l'efficacité des engagements de l'entreprise relatifs à son propre devoir de diligence, de ses activités et objectifs à cet égard (par exemple, en menant des enquêtes ou en réalisant des audits, en interne ou avec l'aide de tiers, à intervalles réguliers, pour évaluer les progrès réalisés, et communiquer les résultats aux personnes concernées au sein de l'organisation).
7. Évaluer à intervalles réguliers les relations d'affaires de l'entreprise afin de vérifier qu'elles prennent bien des mesures pour atténuer leurs risques et qu'elles préviennent ou atténuent bien leurs impacts négatifs.

Étape 5 - Communiquer sur les mesures prises pour traiter les impacts négatifs

Publier des informations sur la politique, les processus et les mesures de diligence adoptés par l'entreprise pour identifier et traiter ses impacts négatifs réels ou potentiels, et sur les résultats et conclusions de ces actions. La communication peut revêtir différentes formes selon le public visé (consultations avec les parties prenantes et information du public par le biais des rapports annuels, de durabilité ou de responsabilité de l'entreprise, ou par d'autres formes appropriées de divulgation requises par la législation ou par des initiatives volontaires).

Tableau 2.6. Étape 5 : Feuille de route des dispositions connexes dans les cadres existants

Guide de l'ASEAN	Section C.4. Interaction et communication avec les parties prenantes et annexe A:5
Guide de l'Australie pour l'adoption de l'IA (pratiques relatives à la mise en œuvre)	Pratiques de mise en œuvre 1, 2, 3, 4.
Code de conduite du Canada	Transparence
HUDERIA du Conseil de l'Europe	Processus d'engagement des parties prenantes.
Loi sur l'IA de l'UE	Art. 13 : Transparence et fourniture d'informations aux déployeurs, art. 53(1)(a) et (d), Art. 55(1)(c)
Règlement DSA de l'UE	Art. 42 : Obligations en matière de rapports de transparence
Directive CSDDD de l'UE	Art. 16 : Communication au public sur le devoir de diligence
Code de conduite du processus d'Hiroshima	Principes 4 et 5
IEEE 7000	11 : Processus de gestion de la transparence
ISO 31000 et ISO/IEC 23894	6.7 : Enregistrement et élaboration de rapports
ISO/IEC 42001	7.4 Communication ; Annexes A.6.2.7, A.8.2, A.8.4, A.8.5.
Japon - Lignes directrices sur l'IA à l'intention des entreprises	Partie 2C Principes directeurs communs 6 et 7 ; Annexes 3, 4 et 5, B. Description des « principes directeurs communs » à la partie 2. 6, 7
Loi fondamentale de la Corée sur l'IA	Articles 28 et 31
Cadre d'évaluation AI Verify de Singapour	Transparence 1.1.1 – 1.5.1
Principes directeurs des Nations Unies - UNGP	Principe opérationnel 21
Cadre des garanties en matière d'IA établi par le ministère de la Science, de la Technologie et de l'Innovation du Royaume-Uni pour une IA sûre	4.1.3 Communiquer
Cadre de gestion des risques liés à l'IA du National Istitute of Standards and Technology (NIST) des États-Unis	Gérer 4

Exemples concrets de mise en œuvre (pour toutes les entreprises de la chaîne de valeur de l'IA, groupes 1 à 3)

1. Rendre publiques toutes les informations pertinentes sur les procédures de diligence raisonnable, en tenant dûment compte des considérations relatives à la confidentialité commerciale, au droit de la concurrence et des autres considérations en lien avec la concurrence ou la sécurité[12]. Inclure des informations sur:
    a. Conformément à l'Étape 1, les politiques de CRE, notamment les informations sur les engagements pris et la mise en œuvre des initiatives volontaires pertinentes.
    b. Les processus de suivi, de réponse et de reprise après des erreurs ou incidents significatifs.
    c. Les impacts négatifs significatifs ou les risques recensés, classés par ordre de priorité et évalués. Pour les impacts négatifs sur les droits humains ou les autres risques que l'entreprise cause ou auxquels elle contribue, communiquer aux parties prenantes touchées ou susceptibles de l'être, toutes les informations qui les concernent, dans un bref délai, dans le respect de leurs spécificités culturelles, et dans un format accessible, en particulier lorsque les enjeux sur lesquels portent ces informations ont été soulevés par ces parties prenantes ou en leur nom.
    d. Les critères et processus de classement des risques par priorité.
    e. Les actions mises en œuvre ou prévues pour prévenir ou atténuer les risques, notamment, le cas échéant, un calendrier estimatif, des critères indicatifs de référence et les résultats escomptés, tels que les informations détaillées sur les évaluations menées sur les risques d'impacts négatifs (y compris la simulation d'une attaque par une équipe rouge).

   f. Les mesures de suivi de la mise en œuvre et des résultats.
   g. L'application de mesures de réparation ou, le cas échéant, la coopération à cet effet.
   h. Les capacités, les limites et les domaines d'utilisation appropriée et inappropriée des systèmes d'IA.
   i. Des informations pertinentes pour toutes les nouvelles versions importantes de systèmes d'IA susceptibles d'être largement utilisés.
   j. La mesure dans laquelle les parties prenantes concernées sont associées à la conception et à la mise en œuvre de ces processus de diligence raisonnable.
   k. Le cas échéant (pour le Groupe 2, par exemple), des informations sur les incidents et sur les tentatives d'acteurs de l'IA visant à contourner les dispositifs de protection, en particulier les incidents liés aux systèmes d'IA à usage général.
2. Publier les informations ci-dessus de manière conviviale, régulière, prompte, fiable, claire, complète, précise et suffisamment détaillée (pour plus de précisions, voir le chapitre III des Principes directeurs à l'intention des EMN : Publication d'informations).
3. Les entreprises doivent veiller à ce que la présentation des informations soit adaptée aux différents publics visés et peuvent prendre des mesures spéciales pour diffuser ces informations au sein des populations vulnérables (comme les travailleurs).

Étape 6 - Remédier aux impacts négatifs, par ses propres moyens ou en coopération avec d'autres acteurs

Lorsqu'une entreprise a causé des impacts négatifs réels ou y a contribué, faire en sorte que la (les) personne(s) affectée(s) soi(en)t placée(s) la situation dans laquelle elle(s) se serai(en)t trouvée(s) si l'impact négatif ne s'était pas réalisé (si possible) et lui (leur) accorder des réparations proportionnées à l'importance et à l'ampleur dudit impact négatif.

Tableau 2.7. Étape 6 : Feuille de route des dispositions connexes dans les cadres existants

Guide de l'ASEAN	Section C.4 : 4. Interaction et communication avec les parties prenantes
Guide de l'Australie pour l'adoption de l'IA (pratiques relatives à la mise en œuvre)	Pratiques de mise en œuvre 1 et 2
Règlement DSA de l'UE	Art. 14 : Conditions générales
Directive CSDDD de l'UE	Art. 12 : Réparation des incidences négatives réelles
Cadre d'évaluation AI Verify de Singapour	Transparence 1.4.1 – 1.5.1
Principes directeurs des Nations Unies - UNGP	Principes opérationnels 22, 29, 30 et 31
Cadre d'assurance en matière d'IA établi par le ministère de la Science, de la Technologie et de l'Innovation du Royaume-Uni pour une IA sûre	5.3 : Assurer les données, les modèles, les systèmes et la gouvernance dans la pratique

Exemples concrets de mise en œuvre (pour toutes les entreprises de la chaîne de valeur de l'IA, groupes 1 à 3)

1. Si possible (dans les situations où l'entreprise a causé l'impact négatif ou y a contribué), proposer un mécanisme de réparation propre à l'entreprise, ou coopérer avec un mécanisme de réparation légitime, grâce auquel les parties prenantes touchées pourront formuler leurs plaintes afin que l'entreprise les traite (voir l'Encadré 2.17).

2. En ce qui concerne les impacts négatifs directement liés aux relations d'affaires, les entreprises sont censées user de leur pouvoir sur la relation d'affaires, en prenant en compte le droit de la concurrence, afin de prévoir des mécanismes de réparation ou coopérer à cet effet.

Encadré 2.17. Solutions envisageables pour remédier aux impacts négatifs

L'objectif ultime de la réparation est de revenir à une situation dans laquelle la ou les personnes touchées se seraient trouvées si l'impact négatif ne s'était pas réalisé. La réparation effective dépend du contexte et il existe un certain nombre de solutions possibles. Plusieurs possibilités de réparation peuvent être utilisées en fonction de l'ampleur et du contexte du dommage causé. Il s'agit notamment des suivantes :

- Restitution : placer une personne ou un groupe de personnes touchés dans la situation dans laquelle ils se seraient trouvés si le dommage ne s'était pas réalisé.
- Compensation : compensations financières visant à réparer un préjudice pouvant être évalué économiquement, ce qui peut inclure une indemnisation au titre d'un préjudice physique ou mental subi, d'une perte de revenus ou des frais encourus pour solliciter l'aide d'experts, tels que les frais médicaux.
- Réhabilitation : prise en charge médicale et psychologie et services juridiques et sociaux.
- Satisfaction : Reconnaissance des faits, décisions visant à rendre leur dignité aux personnes et groupes touchés, reconnaissance que les droits humains n'ont pas été respectés, excuses, sanctions juridiques, telles que des amendes ou des peines d'emprisonnement contre la personne responsable du préjudice, commémorations.
- Garanties de non-répétition : Mesures contribuant à la prévention future, notamment la mise à l'arrêt du système, les injonctions et les modifications des politiques, procédures et stratégies de l'entreprise.

Les mécanismes capables de soutenir la mise en œuvre de la réparation peuvent prendre diverses formes, notamment les suivantes :

- actions directes de l'entreprise (en consultation avec les parties prenantes), sans recourir à un mécanisme de règlement des différends ;
- contrôles des algorithmes réalisés par des groupes d'experts multidisciplinaires et indépendants ;
- mécanismes judiciaires : tribunaux nationaux et régionaux ;
- mécanismes non judiciaires relevant de l'État : mécanismes étatiques susceptibles d'apporter une réparation, sous une forme ou une autre, tels que les Points de Contact Nationaux pour la CRE, les médiateurs, les inspections, et les institutions nationales des droits humains ; et
- mécanismes de réclamation non judiciaires ne relevant pas de l'État : mécanismes de réparation élaborés et gérés par des entités privées telles que des entreprises ou, dans certains cas, des associations professionnelles ou des groupes multipartites (pour plus d'informations sur les critères d'efficacité pour les mécanismes de réclamation non judiciaires, voir le principe 31 des Principes directeurs des Nations Unies (ONU HCDH, 2021[32])).

Source : Projet B-Tech HCDH des Nations Unies (2021[33]), L'accès aux voies de recours et le secteur technologique : concepts et principes fondamentaux, https://www.ohchr.org/sites/default/files/Documents/Issues/Business/B-Tech/access-to-remedy-concepts-and-principles.pdf.

Références

BSR (2022), *Sales partners and human rights due diligence in the technology sector: Best practices brief*, https://www.bsr.org/reports/Sales_Partner_-_Best_Practice_Brief.pdf. [27]

Centre for the Governance of AI (2023), *Towards best practices in AGI safety and governance: A survey of expert opinion*, https://arxiv.org/pdf/2305.07153. [19]

Coalition for Content Provenance and Authenticity (C2PA) (s.d.), *Guiding Principles for C2PA Designs and Specifications*, https://c2pa.org/principles/. [22]

European Center for Not-for-Profit Law (2023), *Framework for Meaningful Engagement*, https://oecd.ai/en/catalogue/tools/framework-for-meaningful-engagement-of-external-stakeholders-in-ai-development. [40]

G7 (2023), *Hiroshima Process International Code of Conduct for Advanced AI Systems*, https://www.soumu.go.jp/hiroshimaaiprocess/en/documents.html. [15]

Haut-Commissariat des Nations Unies aux droits de l'homme (2012), *Principes directeurs des Nations Unies relatifs aux entreprises et aux droits de l'homme*, https://www.ohchr.org/fr/publications/reference-publications/guiding-principles-business-and-human-rights. [4]

Institute for AI Policy and Strategy (IAPS) (2023), *Deployment corrections: An incident response framework for frontier AI*, https://static1.squarespace.com/static/64edf8e7f2b10d716b5ba0e1/t/651c397fc04af033499df9f8/1696348544356/Deployment+corrections_+an+incident+response+framework+for+frontier+AI+models.pdf. [24]

ISO (2023), *ISO/IEC 27035-1:2023: Information security incident management*, https://www.iso.org/fr/standard/78973.html. [25]

ISO (2018), *ISO 31000:2018 Risk management — Guidelines*, https://www.iso.org/fr/standard/65694.html. [36]

OCDE (2025), *RBC Spotlight: Due diligence in electronics and vehicle manufacturing*, https://www.oecd.org/en/publications/responsible-business-conduct-spotlights_03a75bf9-en/due-diligence-in-electronics-and-vehicle-manufacturing_993bb959-en.html. [37]

OCDE (2025), « Towards a common reporting framework for AI incidents », *OECD Artificial Intelligence Papers*, n° 34, Éditions OCDE, Paris, https://doi.org/10.1787/f326d4ac-en. [28]

OCDE (2024), « AI, data governance and privacy: Synergies and areas of international co-operation », *OECD Artificial Intelligence Papers*, n° 22, Éditions OCDE, Paris, https://doi.org/10.1787/2476b1a4-en. [20]

OCDE (2024), « Defining AI incidents and related terms », *OECD Artificial Intelligence Papers*, n° 16, Éditions OCDE, Paris, https://doi.org/10.1787/d1a8d965-en. [34]

OCDE (2024), *Explanatory memorandum on the updated OECD definition of an AI system*, https://www.oecd.org/en/publications/explanatory-memorandum-on-the-updated-oecd-definition-of-an-ai-system_623da898-en.html. [2]

OCDE (2024), « Explanatory memorandum on the updated OECD definition of an AI system », *OECD Artificial Intelligence Papers*, n° 8, Éditions OCDE, Paris, https://doi.org/10.1787/623da898-en. [6]

OCDE (2024), *Recommandation du Conseil sur l'intelligence artificielle*, https://legalinstruments.oecd.org/fr/instruments/OECD-LEGAL-0449. [9]

OCDE (2023), « Advancing accountability in AI: Governing and managing risks throughout the lifecycle for trustworthy AI », *Documents de travail de l'OCDE sur l'économie numérique*, n° 349, Éditions OCDE, Paris, https://doi.org/10.1787/2448f04b-en. [17]

OCDE (2023), *Common Guideposts to Promote Interoperability in AI Risk Management*, https://www.oecd-ilibrary.org/docserver/ba602d18-en.pdf?expires=1700737987&id=id&accname=ocid84004878&checksum=74F08ECC1794AF825ADFFE292B62FD50. [10]

OCDE (2023), *Principes directeurs de l'OCDE à l'intention des entreprises multinationales*, Éditions OCDE, Paris, https://doi.org/10.1787/0e8d35b5-fr. [1]

OCDE (2022), *Measuring environmental impacts of AI compute and applications*, https://www.oecd.org/en/publications/measuring-the-environmental-impacts-of-artificial-intelligence-compute-and-applications_7babf571-en.html. [7]

OCDE (2022), « OECD Framework for the Classification of AI Systems », *Documents de travail de l'OCDE sur l'économie numérique*, n° 323, Éditions OCDE, Paris, https://doi.org/10.1787/cb6d9eca-en. [13]

OCDE (2022), *Rapport sur la mise en œuvre de la Recommandation de l'OCDE relative au Guide sur le devoir de diligence pour des chaînes d'approvisionnement responsables en minerais provenant de zones de conflit ou à haut risque*, https://legalinstruments.oecd.org/fr/instruments/OECD-LEGAL-0386. [38]

OCDE (2022), *Responsible Business Conduct Due Diligence for Project and Asset Finance Transactions*, https://www.oecd.org/en/publications/responsible-business-conduct-due-diligence-for-project-and-asset-finance-transactions_952805e9-en.html. [31]

OCDE (2018), *Guide OCDE sur le devoir de diligence pour une conduite responsable des entreprises*, Éditions OCDE, Paris, https://doi.org/10.1787/a9375127-fr. [3]

OCDE (2016), *Guide OCDE sur le devoir de diligence pour des chaînes d'approvisionnement responsables en minerais provenant de zones de conflit ou à haut risque : Troisième édition*, Éditions OCDE, Paris, https://doi.org/10.1787/9789264253520-fr. [39]

OCDE (2015), *Competition Law and Responsible Business Conduct*, https://mneguidelines.oecd.org/global-forum/2015GFRBC-Competition-Law-RBC.pdf. [11]

OCDE (2015), *Competition Law and Responsible Business Conduct*, https://mneguidelines.oecd.org/global-forum/2015GFRBC-Competition-Law-RBC.pdf. [16]

OCDE (2013), *Recommandation du Conseil concernant les Lignes directrices régissant la protection de la vie privée et les flux transfrontières de données de caractère personnel*, https://legalinstruments.oecd.org/fr/instruments/OECD-LEGAL-0188. [18]

OCDE (s.d.), *Catalogue of tools and metrics for trustworthy AI*, https://oecd.ai/en/catalogue/tools. [12]

OCDE (s.d.), *Worldwide investments in AI*, https://oecd.ai/en/data?selectedArea=investments-in-ai-and-data (consulté le 1 octobre 2025). [29]

OIT (2023), *Déclaration de principes tripartite sur les entreprises multinationales et la politique sociale*, https://www.ilo.org/fr/publications/declaration-de-principes-tripartite-sur-les-entreprises-multinationales-et-0. [5]

ONU HCDH (2021), *OHCHR Accountability and Remedy Project: Meeting the UNGPs' Effectiveness Criteria*, https://www.ohchr.org/sites/default/files/2022-01/arp-note-meeting-effectiveness-criteria.pdf. [32]

ONU-HCDH - B-Tech Project (2021), *Access to remedy and the technology sector: Basic concepts and principles*, https://www.ohchr.org/sites/default/files/Documents/Issues/Business/B-Tech/access-to-remedy-concepts-and-principles.pdf. [33]

Partnership on AI (2021), *Responsible Sourcing of Data Enrichment Services*, http://partnershiponai.org/wp-content/uploads/2021/08/PAI-Responsible-Sourcing-of-Data-Enrichment-Services.pdf. [8]

Partnership on AI (s.d.), *Responsible Practices for Synthetic Media*, https://syntheticmedia.partnershiponai.org/#read_the_framework. [23]

Solaiman, I. (2023), *The Gradient of Generative AI Release: Methods and Considerations*, https://arxiv.org/pdf/2302.04844. [26]

Union européenne (2024), *Règlement (UE) 2024/1689 du Parlement européen et du Conseil du 13 juin 2024 établissant des règles harmonisées concernant l'intelligence artificielle et modifiant les règlements (CE) no 300/2008, (UE) no 167/2013, (UE) no 168/2013, (UE) 2018/858, (UE) 2018/1139 et (UE) 2019/2144 et les directives 2014/90/UE, (UE) 2016/797 et (UE) 2020/1828*, https://eur-lex.europa.eu/legal-content/FR/TXT/HTML/?uri=OJ:L_202401689. [14]

US Department of Commerce National Telecommunications and Information Administration (2024), *AI Acountability Policy Report*, https://www.ntia.gov/sites/default/files/publications/ntia-ai-report-final.pdf. [21]

US National Institute of Standards and Technology (2023), *AI Risk Management Framework 1.0*, https://doi.org/10.6028/NIST.AI.100-1. [35]

World Benchmarking Alliance (2023), *Digital Inclusion Collective Impact Coalition 2023 Progress Report*, https://www.worldbenchmarkingalliance.org/impact/digital-inclusion-collective-impact-coalition-progress-report/. [30]

Glossaire

Système d'IA

Terme tel qu'il est employé dans les normes et les rapports de l'OCDE mentionnés dans le présent guide	La définition d'un système d'IA est tirée de la Recommandation de l'OCDE sur l'IA qui a été mise à jour en 2023 (OCDE, 2024[6]). D'après la recommandation, un système d'intelligence artificielle est un système automatisé qui, pour des objectifs explicites ou implicites, déduit, à partir d'entrées reçues, comment générer des résultats en sortie tels que des prévisions, des contenus, des recommandations ou des décisions qui peuvent influer sur des environnements physiques ou virtuels. Différents systèmes d'IA présentent des degrés variables d'autonomie et d'adaptabilité après déploiement. Le raisonnement qui sous-tend cette définition est expliqué en détail dans un exposé des motifs publié par l'OCDE (2024[2]).
Terme tel qu'il est employé dans d'autres cadres de gestion des risques	La loi européenne sur l'IA, le cadre de gestion des risques du NIST américain, le guide de l'ASEAN et la Convention du Conseil de l'Europe soit adoptent directement la définition de la Recommandation de l'OCDE sur l'IA, soit y font référence, soit ne s'en écartent que légèrement.
Différences terminologiques et application aux fins du présent guide	Aux fins du présent guide, on entend par système d'IA la définition utilisée dans la Recommandation de l'OCDE sur l'IA.

Évaluer / Mesurer

Terme tel qu'il est employé dans les normes et les rapports de l'OCDE mentionnés dans le présent guide	Le cadre d'interopérabilité décrit cette étape du processus comme la découverte de risques, l'analyse des mécanismes par lesquels ces risques sont susceptibles de se produire ainsi que l'évaluation de leur gravité et de la probabilité qu'ils surviennent. Le Guide de l'OCDE sur le devoir de diligence utilise ces mêmes termes de façon très similaire, mais recommande aussi aux entreprises d'évaluer comment elles sont liées ou comment elles contribuent aux impacts causés par leurs relations d'affaires. Cette étape comprend aussi le processus de hiérarchisation des risques, dans lequel les entreprises définissent leurs priorités d'action face aux risques et aux impacts les plus importants, en fonction de leur gravité et de la probabilité qu'ils surviennent.
Terme tel qu'il est employé dans d'autres cadres de gestion des risques	D'autres cadres de gestion des risques, comme celui du NIST, les normes ISO 31000, IEEE 7000-21 et le Guide ISO/CEI 51, désignent cette étape du processus par les actions consistant soit à mesurer, soit à évaluer. Aux termes du cadre de gestion des risques du NIST, mesurer les risques passe notamment par l'utilisation d'indicateurs pour les caractéristiques fiables et l'impact social, ce qui permet de suivre leur évolution. Les Principes directeurs des Nations Unies sont en phase avec les Principes directeurs EMN et le Guide de l'OCDE sur le devoir de diligence (voir les Principes 17 et 24).
Différences terminologiques et application aux fins du présent guide	Ces instruments emploient les termes de façon similaire, mais avec des champs d'application légèrement différents. Par exemple, l'évaluation peut porter sur des objectifs de fiabilité, sur la nature du lien avec l'impact (par exemple, l'entreprise en est la cause, y contribue ou y est directement associée), ou sur les risques pour l'entreprise. Aux fins du présent guide, le terme « ÉVALUER » peut englober toutes ces dimensions.

* Le cadre d'interopérabilité provient du document intitulé *Advancing Accountability in AI* qui présente des étapes communes de haut niveau pour la gestion des risques liés à l'IA qui figurent dans de multiples cadres (OCDE, 2023[17]).

Définir / Identifier / Cartographier

Terme tel qu'il est employé dans les normes et les rapports de l'OCDE mentionnés dans le présent guide	Le cadre d'interopérabilité* recommande de « Définir » le périmètre et le contexte d'un système d'IA ainsi que les critères d'évaluation des risques, par exemple au niveau de la gouvernance, au niveau des processus et/ou au niveau technique. Le terme équivalent utilisé dans le Guide de l'OCDE sur le devoir de diligence est « Identifier » ; il correspond en substance à un vaste exercice de cadrage visant à recenser tous les domaines de l'entreprise, pour l'ensemble de ses activités, de ses produits et de ses services, ainsi que les relations dans lesquelles les risques sont le plus susceptibles de se présenter et d'être importants.
Termes tels qu'ils sont employés dans d'autres cadres de gestion des risques	D'autres cadres de gestion des risques, comme celui du NIST et la norme ISO 31000, désignent ce processus par les termes « cartographie » et « cadrage ». De même que le cadre d'interopérabilité, le cadre de gestion des risques du NIST propose des recommandations spéciales sur les éléments à cartographier, par exemple, la finalité et les utilisations du système d'IA, les risques liés aux composantes du système d'IA, notamment son logiciel et les données qu'il utilise, ainsi que ses impacts sur les individus, les groupes et la société. Les Principes directeurs des Nations Unies sont en phase avec les Principes directeurs EMN et le Guide de l'OCDE sur le devoir de diligence (voir le Principe 15).
Différences terminologiques et application aux fins du présent guide	Différents instruments utilisent les termes « définir », « identifier » et « cartographier » pour désigner de façon générale le même ensemble d'actions. Il semble que la fonction « CARTOGRAPHIER » du cadre de gestion des risques du NIST soit la plus explicite et la plus applicable aux systèmes d'IA. De même, tous les cadres de gestion des risques décrivent le processus consistant à « Définir » (ou « Identifier » / « Cartographier ») comme une étape distincte du processus de gestion des risques qui constitue une base essentielle pour évaluer les risques et les impacts. Aux fins du présent guide, on considère que le terme « DÉFINIR » englobe toutes ces dimensions.

Devoir de diligence

Terme tel qu'il est employé dans les normes et les rapports de l'OCDE mentionnés dans le présent guide	Dans les Principes directeurs EMN, on entend par devoir de diligence le processus qui, en tant que partie intégrante de leurs systèmes de prise de décisions et de gestion des risques, permet aux entreprises d'identifier, de prévenir et d'atténuer les impacts négatifs, réels ou potentiels, de leurs activités, ainsi que de rendre compte de la manière dont elles abordent cette question. Les Principes directeurs EMN prévoient les mesures suivantes dans le cadre d'un processus de devoir de diligence : 1) intégrer la conduite responsable des entreprises dans les politiques et les systèmes de gestion ; 2) identifier et évaluer les impacts négatifs réels et potentiels des activités, produits ou services des entreprises ; 3) faire cesser, prévenir et atténuer les impacts négatifs ; 4) assurer le suivi de la mise en œuvre et des résultats des actions déployées ; 5) rendre compte de la manière dont ces incidences sont gérées ; et 6) remédier aux effets négatifs ou participer aux efforts pour y remédier.
Terme tel qu'il est employé dans d'autres cadres de gestion des risques	Les Principes directeurs des Nations Unies relatifs aux entreprises et aux droits de l'homme, élaborés parallèlement à la mise à jour de 2011 des Principes directeurs EMN, sont en phase avec ces derniers en ce qui concerne le devoir de diligence. Ils définissent en effet le devoir de diligence comme un processus consistant « à évaluer les incidences effectives et potentielles sur les droits de l'homme, à regrouper les constatations et à leur donner une suite, à suivre les mesures prises et à faire savoir comment il est remédié à ces incidences » (OCDE, 2023[17]). De même, les Principes directeurs des Nations unies étendent aussi les exigences requises en matière de diligence raisonnable aux incidences dont les entreprises sont à l'origine ou auxquelles elles contribuent ou elles sont directement liées par le biais de leurs relations d'affaires. D'autres cadres de gestion des risques mentionnent ou adaptent le plus souvent la définition de la « gestion des risques » de la norme ISO 31000 pour désigner des processus similaires ou en lien avec les exigences requises en matière de diligence raisonnable qui sont énoncées dans les Principes directeurs EMN. La norme ISO 31000 définit la gestion des risques comme les « activités coordonnées dans le but de diriger et piloter un organisme vis-à-vis du risque ».
Différences terminologiques et application aux fins du présent guide	Les notions relatives au devoir de diligence sont en général concordantes dans les différents cadres. La principale différence entre les termes employés est la référence explicite, dans les Principes directeurs EMN et les Principes directeurs des Nations unies, au devoir de diligence au regard des relations d'affaires des entreprises, celui-ci n'étant pas limité à leurs activités, produits et services. Aux fins du présent guide, le devoir de diligence peut être compris dans son acception la plus large utilisée dans les Principes directeurs EMN / le Guide de l'OCDE sur le devoir de diligence et les Principes directeurs des Nations unies, laquelle englobe la gestion des risques liés aux activités, produits et services d'une entreprise, ainsi qu'à ses relations d'affaires.

Surveiller et examiner / Assurer le suivi

Terme tel qu'il est employé dans les normes et les rapports de l'OCDE mentionnés dans le présent guide	On entend par « surveillance et examen » une activité continue visant à vérifier les risques et les mesures prises pour les traiter. Le terme équivalent employé dans le Guide de l'OCDE sur le devoir de diligence est « suivi ». Plus précisément, « assurer le suivi » de la mise en œuvre, de l'efficacité et des résultats des activités de diligence raisonnable (c'est-à-dire les mesures visant à identifier, prévenir et atténuer les impacts négatifs et à y remédier), y compris dans le cadre de relations d'affaires. Le suivi est effectué à intervalles réguliers et peut prendre la forme d'audits indépendants réalisés par un organisme tiers.
Terme tel qu'il est employé dans d'autres cadres de gestion des risques	D'autres cadres font référence de façons similaires aux actions de surveiller et d'examiner. Dans certains cas, il s'agit d'une étape distincte du processus de diligence raisonnable (par exemple, dans la norme ISO 31000) et, dans d'autres, il s'agit d'une partie d'une étape plus vaste axée sur la gouvernance interne (par exemple, dans le cadre de gestion des risques du NIST). Les Principes directeurs des Nations Unies sont en phase avec les Principes directeurs EMN et le Guide de l'OCDE sur le devoir de diligence (voir les Principes 17 et 20).
Différences terminologiques et application aux fins du présent guide	En règle générale, les concepts sont équivalents dans les différents cadres.

Risques / Incidents / Dangers

Terme tel qu'il est employé dans les normes et les rapports de l'OCDE mentionnés dans le présent guide	Les instruments de l'OCDE relatifs à la conduite responsable des entreprises (CRE) décrivent les impacts négatifs ou les impacts négatifs potentiels (c'est-à-dire les risques) au regard des thèmes couverts dans les chapitres des Principes directeurs EMN : les droits humains, y compris les travailleurs et les relations professionnelles, l'environnement, la corruption sous toutes ses formes, la publication d'informations et les intérêts des consommateurs. Les Principes directeurs EMN évoquent le risque comme la probabilité que les entreprises aient des impacts négatifs sur les personnes, l'environnement et la société, y contribuent ou y soient directement associées. En d'autres termes, il s'agit d'une approche du risque tournée vers l'extérieur. La probabilité des impacts négatifs augmente dans les situations où le comportement d'une entreprise ou les circonstances associées à ses chaînes d'approvisionnement ou à ses relations d'affaires ne sont pas conformes aux recommandations des Principes directeurs EMN. Cette probabilité existe aussi quand un comportement potentiel n'est pas conforme à ces recommandations du fait qu'il risque d'avoir des effets négatifs à l'avenir. Dans le cadre d'un axe de travail distinct, mais connexe, sur la surveillance des incidents liés à l'IA, le Réseau d'experts de l'OCDE s'emploie à élaborer une définition des incidents et des dangers liés à l'IA (OCDE, 2024[34]), lesquels sont définis comme suit : Un incident lié à l'IA désigne un événement, une circonstance ou une série d'événements où le développement, l'utilisation ou le dysfonctionnement d'un ou de plusieurs systèmes d'IA entraîne, de manière directe ou indirecte, l'un des préjudices suivants : (a) blessure ou atteinte à la santé d'une personne ou d'un groupe de personnes ; (b) perturbation de la gestion et du fonctionnement d'infrastructures critiques ; (c) violations des droits humains ou inexécution d'obligations en vertu de la législation applicable visant à protéger les droits des travailleurs et les droits de propriété intellectuelle ; (d) dommages aux biens, à la collectivité ou à l'environnement. Un danger lié à l'IA désigne un événement, une circonstance ou une série d'événements où le développement, l'utilisation ou le dysfonctionnement d'un ou de plusieurs systèmes d'IA pourrait vraisemblablement conduire à un incident lié à l'IA, c'est-à-dire à l'un des préjudices suivants : a) blessure ou atteinte à la santé d'une personne ou d'un groupe de personnes ; b) perturbation de la gestion et du fonctionnement d'infrastructures critiques ; c) violations des droits humains ou inexécution d'obligations en vertu de la législation applicable visant à protéger les droits des travailleurs et les droits de propriété intellectuelle ; ou d) dommages causés aux biens, à la collectivité ou à l'environnement.
Termes tels qu'ils sont employés dans d'autres cadres de gestion des risques	Aux fins de la loi européenne sur l'IA, le risque est défini comme « la combinaison de la probabilité d'un préjudice et de la sévérité de celui-ci » (Union européenne, 2024[14]), le terme « préjudice » étant entendu comme une atteinte aux intérêts publics et aux droits fondamentaux protégés par le droit de l'Union européenne (UE). Le préjudice causé peut être matériel ou immatériel, y compris physique, psychologique, sociétal ou économique. Le cadre de gestion des risques du NIST américain adopte la même approche que la norme ISO 31000 et définit le risque comme pouvant être à la fois positif et négatif (US National Institute of Standards and Technology, 2023[35]) (ISO, 2018[36]). Il désigne en effet le risque comme la mesure composite de la probabilité qu'un événement se produise et de l'ampleur ou du degré de ses conséquences. Les impacts, ou les conséquences, des systèmes d'IA peuvent être positifs, négatifs, ou les deux, et peuvent donner lieu à des opportunités ou des menaces.
Différences terminologiques et	La définition du risque dans les Principes directeurs EMN est plus large en ce qu'elle inclut les impacts que les entreprises peuvent causer ou auxquels elles contribuent ou sont directement liées. En substance, cette définition des risques et des impacts s'étend au-delà des activités propres aux entreprises pour inclure les risques et les

application aux fins du présent guide	impacts associés à leurs relations d'affaires dans la chaîne de valeur. Le périmètre des risques couverts varie également selon les cadres. Aux fins du présent guide, le risque correspond à la définition qui figure dans les Principes directeurs EMN puisqu'elle inclut les incidents et les dangers liés à l'IA, mais elle est plus large aux fins du devoir de diligence dans la chaîne de valeur. S'il y a lieu, par souci de précision, le guide fait référence aux incidents et aux dangers.

Parties prenantes

Terme tel qu'il est employé dans les normes et les rapports de l'OCDE mentionnés dans le présent guide	La Recommandation de l'OCDE sur l'IA définit les parties prenantes comme l'ensemble des organisations et des individus intervenant dans les systèmes d'IA ou concernés par ces systèmes, que ce soit directement ou indirectement. Aux termes des Principes directeurs EMN, les parties prenantes concernées sont les personnes ou les groupes, ou leurs représentants mandatés, dont les droits ou les intérêts en lien avec les domaines visés par les Principes directeurs EMN sont ou peuvent être lésés par des impacts négatifs liés aux activités, produits ou services de l'entreprise.
Terme tel qu'il est employé dans d'autres cadres de gestion des risques	D'autres cadres emploient l'expression « parties prenantes » pour désigner de façon générale des organisations ou des individus. Dans différents contextes, les « parties prenantes concernées » désignent le plus souvent les utilisateurs du système d'IA, la société civile, les représentants des travailleurs, les PME ou d'autres entreprises.
Différences terminologiques et application aux fins du présent guide	Aux fins du présent guide, les parties prenantes devraient être comprises dans leur acception la plus large, c'est-à-dire comme les personnes, groupes ou organisations participant à des systèmes d'IA ou en subissant les répercussions, ainsi que les entreprises associées à leur développement et leur utilisation.

Traiter / Stopper, prévenir, atténuer et réparer / Gérer

Terme tel qu'il est employé dans les normes et les rapports de l'OCDE mentionnés dans le présent guide	Le cadre d'interopérabilité définit le « traitement du risque » comme le recours à des techniques destinées à prévenir, atténuer ou stopper les risques, en fonction de leur probabilité et de leur impact. Les recommandations de l'OCDE en matière de devoir de diligence adoptent une approche similaire du traitement du risque, mais précisent les types de mesures à prendre, en fonction de la responsabilité de l'entreprise (c'est-à-dire si elle en est à l'origine, si elle y a contribué ou si elle y a été directement liée). Il est attendu des entreprises qu'elles fassent cesser les risques et impacts identifiés, qu'elles les préviennent et/ou qu'elles les atténuent. Lorsqu'une entreprise contribue à un impact ou y est directement liée dans le cadre d'une relation d'affaires, elle devrait s'efforcer, dans la mesure du possible, d'user de son influence, seule ou en collaborant avec d'autres, pour opérer un changement. Lorsqu'une entreprise est à l'origine d'effets négatifs ou y a contribué, elle est censée y remédier ou participer aux efforts pour y remédier (voir plus loin l'analyse plus approfondie).
Terme tel qu'il est employé dans d'autres cadres de gestion des risques	Le cadre de gestion des risques du NIST fait référence au traitement du risque dans sa fonction GÉRER comme les plans pour intervenir et redresser la situation en cas d'incidents ou d'événements, et pour rendre compte de la façon dont ils sont gérés. Bien qu'il emploie une terminologie différente, l'ensemble des actions relevant de cette fonction correspond de façon générale aux recommandations de l'OCDE en matière de devoir de diligence. Parmi les actions requises figurent la hiérarchisation des risques et l'affectation de ressources à la gestion des risques, la collaboration avec les parties prenantes concernées, ainsi que le suivi et la documentation en continu des initiatives de gestion des risques. Le cadre de gestion des risques du NIST précise en outre que, pour faire face aux risques, les actions possibles peuvent notamment consister à les atténuer, les transférer, les éviter ou les accepter.
Différences terminologiques et application aux fins du présent guide	Aux fins du présent guide, le terme « traiter » peut être compris comme le fait de stopper, de prévenir ou d'atténuer les risques dont les entreprises sont à l'origine, auxquels elles contribuent ou auxquels elles sont directement liées dans le cadre de leurs relations d'affaires.

Notes

[1] La Recommandation sur l'IA énonce cinq principes complémentaires fondés sur des valeurs qui sont pertinents pour l'ensemble des parties prenantes, et cinq recommandations à l'intention des décideurs publics, auxquels il est fait référence dans le présent guide avec l'expression « Principes sur l'IA ».

[2] Selon les Principes directeurs EMN, chapitre 1, paragraphe 4 : « Une définition précise des entreprises multinationales n'est pas nécessaire pour les besoins des Principes directeurs. Si les Principes directeurs permettent une approche large dans la détermination des entités qui constituent des entreprises multinationales aux fins des Principes directeurs, la dimension internationale de la structure d'une entreprise ou de ses opérations, ainsi que sa forme commerciale, son objet ou ses activités, sont les facteurs principaux à prendre en considération. »

[3] « Le cycle de vie d'un système d'IA comporte généralement plusieurs phases, à savoir : la phase de planification et de conception ; la phase de collecte et de traitement des données ; la phase de construction du ou des modèle(s) et/ou d'adaptation du ou des modèle(s) existant(s) à des tâches spécifiques ; la phase de test, d'évaluation, de vérification et de validation ; la phase de mise à disposition pour utilisation/déploiement ; la phase d'exploitation et de suivi ; et la phase de mise hors service. Ces phases présentent souvent un caractère itératif et ne suivent pas nécessairement un ordre séquentiel. La décision de mettre un terme à l'utilisation d'un système d'IA peut intervenir à n'importe quel stade de la phase d'exploitation et de suivi. Les Principes sur l'IA utilisent l'expression « acteurs de l'IA » pour désigner les entreprises intervenant dans le cycle de vie des systèmes d'IA (OCDE, 2024[2]).

[4] Ces groupes ont été créés dans le rapport de l'OCDE intitulé *Advancing accountability in AI* (OCDE, 2023[17]), puis complétés dans un projet de rapport de suivi, intitulé *Draft mapping and consolidation of relevant actors, issues, and terminology for Responsible Business Conduct in AI* [DSTI/CDEP/AIGO(2023)12], qui a été examiné lors des réunions du GTGIA et du GT-CRE en novembre 2022.

[5] Pour en savoir plus sur la gestion des risques liés aux matières premières, se reporter au Guide OCDE sur le devoir de diligence pour des chaînes d'approvisionnement responsables en minerais (OCDE, 2016[39]) ; pour en savoir plus sur la gestion des risques liés à la fabrication des véhicules et des produits électroniques, se reporter à l'étude intitulée *Due Diligence in Electronics and Vehicle Manufacturing* (OCDE, 2025[37]).

[6] Le terme « déploiement » est employé différemment dans les Principes de l'OCDE sur l'IA et dans la législation de l'UE sur l'IA. Dans les premiers, le déploiement peut être compris comme la mise à disposition d'un système d'IA en vue de son utilisation. Dans la seconde, un « déployeur est une personne physique ou morale, une autorité publique, une agence ou un autre organisme utilisant sous sa propre

autorité un système d'IA sauf lorsque ce système est utilisé dans le cadre d'une activité personnelle à caractère non professionnel » (Union européenne, 2024[14]). La définition du déployeur figurant dans la législation de l'UE est plus proche de ce que le présent guide inclut dans le groupe n° 3, à savoir les utilisateurs de systèmes d'IA.

[7] Les PCN ont pour mission de renforcer l'efficacité des Principes directeurs EMN en menant des activités de promotion, en répondant à des demandes de renseignements et en participant à la résolution des problèmes soulevés par la mise en œuvre des Principes directeurs dans des circonstances spécifiques. Un particulier ou une organisation peut intenter une action contre une entreprise – pour les activités qu'elle mène où que ce soit dans le monde – en s'adressant au PCN compétent dans la zone d'activité ou d'enregistrement de l'entreprise concernée. Les PCN facilitent l'accès à des moyens consensuels et non contentieux, tels que la conciliation ou la médiation, afin d'aider les parties à résoudre les problèmes. Ils sont tenus, à l'issue de chaque procédure, d'émettre une déclaration finale. Les PCN peuvent aussi formuler des recommandations en fonction des circonstances particulières de chaque affaire. Pour des informations sur le processus suivi par les PCN, sur certains PCN ou sur des cas particuliers, les organisations peuvent consulter les Principes directeurs de l'OCDE à l'intention des entreprises multinationales (OCDE, 2025[37]).

[8] Comme l'indiquent les Principes directeurs EMN : « Les entreprises devraient prêter une attention particulière aux impacts négatifs sur les particuliers, comme les défenseurs des droits humains par exemple, qui peuvent être exposés à un risque accru dû à une situation de marginalisation, de vulnérabilité ou autres circonstances, à titre individuel ou en tant que membres d'un groupe ou d'une population spécifique, y compris les Peuples Autochtones. Les guides OCDE sur le devoir de diligence, dont le Guide sur le devoir de diligence pour une conduite responsable des entreprises, le Guide sur le devoir de diligence pour un engagement constructif des parties prenantes dans le secteur extractif et le Guide OCDE-FAO pour des filières agricoles responsables définissent des orientations pratiques complémentaires en ce sens, dont le consentement préalable donné librement et en connaissance de cause (CPLCC). Les Nations Unies ont précisé les droits des Peuples Autochtones (Déclaration des Nations Unies sur les droits des Peuples Autochtones). » (paragraphe 45 des Commentaires).

[9] Pour être constructif, l'engagement doit reposer sur une collaboration bilatérale, être mené de bonne foi et prendre en compte l'avis des parties prenantes. Ces dernières doivent recevoir des informations fiables et exhaustives, et avoir la possibilité en temps voulu d'apporter leur contribution avant que des décisions importantes susceptibles d'avoir un impact sur elles ne soient prises (voir (OCDE, 2018[3])).

[10] Pour savoir comment collaborer de façon constructive avec les parties prenantes lors de la conception de produits et de services faisant appel à l'IA, voir le cadre élaboré par l'ECNL, intitulé « Framework for meaningful engagement of external stakeholders in AI development » (European Center for Not-for-Profit Law, 2023[40]).

[11] On peut citer par exemple l'outil de suivi des incidents liés à l'IA de l'OCDE (OCDE, 2025[28]) et la base de données de l'OCDE des circonstances spécifiques des points de contact nationaux (OCDE, 2022[38]) (tous deux en anglais).

[12] La diffusion d'informations ne devrait pas faire peser sur les entreprises une charge excessive en termes de coûts ou de lourdeurs administratives. On ne doit pas non plus attendre des entreprises qu'elles rendent publiques des informations pouvant compromettre leur situation concurrentielle, à moins que ces informations ne soient indispensables pour éclairer pleinement les investisseurs et éviter de les induire en erreur.

www.ingramcontent.com/pod-product-compliance
Ingram Content Group UK Ltd.
Pitfield, Milton Keynes, MK11 3LW, UK
UKHW051643031026
15588UKWH00007B/1293

9 789264 729438